Giunti Editore è socio di IBBY Italia

iBbY
INTERNATIONAL BOARD ON BOOKS FOR YOUNG PEOPLE
ITALIA
Leggere per crescere liberi

Sostieni anche tu IBBY Italia, i libri per ragazzi, la lettura e il diritto a diventare lettori.
www.ibbyitalia.it

Testo: Salvatore Vitellino

L'autore ringrazia la signora Elena Lolli e la compagnia teatrale Alma Rosé di Milano al cui spettacolo *Odisseo va alle medie* è liberamente ispirato quello raccontato in questo romanzo.

L'editore si rende disponibile per gli eventuali aventi diritto su altro materiale utilizzato.

Progetto grafico di copertina: theWorldofDOT
Illustrazione di copertina: Pietro Piscitelli

Redazione: Veronica Fantini

www.giunti.it

Via Bolognese 165 - 50139 Firenze - Italia
Via G.B. Pirelli 30 - 20124 Milano - Italia

Prima edizione: marzo 2022

FSC
www.fsc.org
MISTO
Carta da fonti gestite in maniera responsabile
FSC® C115118

Stampato presso Elcograf SpA, stabilimento di Cles

Salvatore Vitellino

Un anno da nabbo

GIUNTI

Il più grande atto d'amore
di un genitore verso il figlio
è raccontare la sua vita
come una favola.

Pioveva. E adesso?

Erano usciti dalla piscina comunale. Dovevano tornare a casa, non era lontano, un quarto d'ora di passeggiata, ma stava rinforzando, era un brutto acquazzone autunnale.

E loro erano senza ombrello.

E adesso? Come potevano non bagnarsi?

E perché la mamma sorrideva e non era preoccupata?

Aveva paura, paura dei fulmini, dicono che l'acqua è conduttrice di elettricità. E se si ammalava? Perché aveva così tanta paura di un temporale? Non capiva la mamma, cosa faceva? Si sentiva solo, incompreso, voleva fuggire. Ma dove?

Forse quella scena era un ricordo. Ma di quando?

E perché non capiva perché aveva paura?

La pioggia aveva già cominciato a bagnarlo del tutto...

SETTEMBRE

La scuola fa schifo

«Tomà? Tomà, tesoro, è ora di alzarsi. Ricordi che oggi è il primo giorno di scuola?»

La cosa più bella del mondo, la voce della mamma al mattino. Ancora a dieci anni era una certezza, una magia che ti faceva sentire come quando avevi cinque anni e tutto era perfetto.

"Ma adesso non c'è nulla di perfetto" pensò Tomà.

Per tutta l'estate aveva atteso con timore quel giorno, il primo giorno della quinta elementare. E non aveva proprio voglia di affrontarlo.

Si alzò, e con gli occhi ancora semichiusi andò in cucina.

«Gioia, buongiorno, e che ti hanno preso a cazzotti?»

La nonna Pro aveva sempre quel tono di voce che non si capiva se ti stava sfottendo sul serio o era solo un po' ruvida. Aveva un nome bellissimo, diceva la mamma, Providence, piuttosto strano per lui, d'altri tempi, per questo Tomà la chiamava "nonna Pro", che a lui faceva pensare ai gamer professionisti, ai migliori. Era più figo e alla nonna piaceva, anche se lei di videogiochi non capiva nulla.

Probabilmente aveva un po' di occhiaie perché durante il sonno non respirava bene per via di un problema di adenoidi che si portava dietro dalla prima elementare. "Fantastico," pensò "così andrò a scuola con gli occhi pesti".

«Allora, come ti senti? Sei emozionato?» Ed ecco la voce festosa della mamma.

«Bene...»

«Contento che ricominci la scuola?»

«Sì...» che voleva dire: "Cambiamo discorso?".

«Uhm, loquace il mio brontoscaccolo» e la mamma gli accarezzò i capelli. Lui non sorrise. Sapeva che quella era la parola in codice della mamma per tranquillizzarlo, l'aveva inventata quando a sei anni aveva la passione per i dinosauri e si scaccolava, così per disinnescare le sue lamentele con ironia aveva cominciato a chiamarlo "brontoscaccolo", e ogni volta che lo chiamava così era come se gli dicesse: "Non è cambiato nulla da allora, va tutto bene, cucciolo mio".

Lo sapeva, Tomà, ma era troppo nervoso per stare al gioco. Aveva perso il suo potere, quella parola. E lui non aveva più sei anni, e nemmeno otto.

«T'accompagno?»

«No!» reagì di scatto. «Vado da solo!»

Figurarsi, già alla fine della quarta i più fighi della classe venivano da soli e prendevano in giro gli sfigati accompagnati, ci mancava pure che lui si facesse vedere con la mamma all'ingresso. "*Eso no bueno, muy big problema*" avrebbe detto Jar Jar Binks. E sorrise, pensando a quando con papà guardava *Star Wars*. Come lo faceva ridere quell'alieno pasticcione con le orecchie lunghe. Aveva sempre avuto un debole per i pasticcioni...

Ma poi anche la passione per *Star Wars* era passata.

Era incredibile con quale accelerazione tutto era cambiato negli ultimi due o tre anni: l'aspetto, suo e dei compagni, il carattere, gli incastri di amicizie, le simpatie e le antipatie.

Una mezza dozzina dei suoi compagni li conosceva dalla materna, ma dopo sette anni con alcuni di loro a stento ci parlava.

Le ragazze avevano formato i loro gruppetti. C'erano Bea, con le sue gambe magrissime e lunghe che sembrava una giraffa dalla voce in falsetto; Sara, che aveva da sempre i capelli a caschetto e uno sguardo che non si capiva se era spaventato o timido; e Aria, che con i suoi occhiali rossi, i capelli rossi e le lentiggini, era la più seria di tutti. Erano diventate così amiche che anche le loro famiglie avevano cominciato a frequentarsi, fare le vacanze assieme e le settimane bianche, per cui i pomeriggi si vedevano sempre a casa dell'una o dell'altra. A uno o due compleanni lo avevano invitato, e Tomà aveva sempre ricambiato, ma poi, a un certo punto, vai a capire perché, avevano smesso di invitarlo, almeno nei pomeriggi.

Negli ultimi due anni, a dire il vero, nessuno lo aveva più invitato a giocare dopo la scuola, ed era la cosa che lo faceva soffrire di più, non solo perché la solitudine rendeva i pomeriggi malinconici, ma soprattutto perché l'indomani non aveva nulla da raccontare mentre tutti, a coppie o gruppetti, discutevano di quello che avevano fatto il giorno prima o dei record di kill stabiliti giocando a *Fortnite*

Per cui non poteva certo dire che gli faceva piacere tornare a scuola: cosa c'era di bello che lo aspettava?

Ed era per questo che era di umore nero quella mattina.

Almeno quelle tre non erano antipatiche. Lo era invece Sofi, che i primi due anni era paffutella e ironica, ma l'ultimo aveva avuto una trasformazione, si credeva bella, be', un po' lo era, portava il giubotto di pelle, spesso masticava la cicca come una bulletta, e ogni cosa che Tomà diceva la usava contro di lui per sfotterlo. Ecco perché lui la evitava. Quella che non poteva evitare, cavolo, era Vale, con cui per puro caso faceva atletica due volte a settimana: nella corsa era forte come un maschio, anzi sembrava proprio un maschio, e lo sfidava sempre. Anche lei lo aveva invitato a casa sua una volta, lui aveva ricambiato, ma poi non era più successo. E ora, dopo due anni, con lei non aveva molto da dirsi.

Con le femmine però era diverso, al massimo non si parlavano, ma loro non lo prendevano di mira come certi maschi.

I maschi si dividevano in quattro categorie.

Gli *innocui*, che contavano solo Iaki e Ciccio. Iaki sembrava uscito da un film, col ciuffo ordinato, sempre vestito impeccabile, era di ottima famiglia, del tipo con due tate e dieci case fra mare, montagna e lago e capitali varie. Era buono, ed era sempre leale con Tomà, ma... non era proprio popolare, negato negli sport, con un senso dell'umorismo che non faceva ridere nessuno. Alcuni maschi andavano a casa sua perché aveva una postazione da gamer spaziale, con la PlayStation collegata a un maxi schermo tipo da 100 pollici e un audio che sembrava di essere al cinema, ma poi a scuola tutti lo snobbavano, tranne Tomà e Ciccio, e Tomà non sapeva proprio dire se lo considerava un amico o se stavano insieme per non restare soli, in fondo in fondo era un po' noioso. Ciccio era tutto l'opposto. Lo chiamavano Ciccio Ricotta perché i suoi avevano una fattoria, a lui piaceva molto il formaggio e dicevano che puzzava di formaggio. Non era così, be', un poco forse, ma era meglio non farlo incacchiare perché aveva la forza di un quattordicenne. A dire il vero non era proprio una cima, parlava come se dovesse sempre inseguire le parole, e quindi le accorciava per non perdere quella successiva. E per manifestare il suo affetto abbracciava sempre Tomà sollevandolo e togliendogli il respiro.

Poi c'erano i due *stranieri*. Amin, il compagno indiano dai denti bianchissimi, che conosceva dai tempi della materna e aveva un'allegria contagiosa. E Addi, il ragazzo marocchino sempre con la testa fra le nuvole. Più erano dolci, timidi ed educati, e più Tomà adorava questo genere di compagni, da sempre. Solo che Amin e Addi in cinque anni non erano mai andati a una festa di compleanno, a una gita, a qualunque attività pomeridiana. Non c'erano mai, e non perché non li invitassero; forse i loro genitori non li mandavano, forse si vergognavano, non l'aveva mai capito, e gli dispiaceva perché erano ottimi compagni di giochi.

Il gruppo più grosso era quello dei *neutrali*. Erano sia maschi che femmine, bravi a scuola, bravi in uno sport che facevano seriamente, chi nuoto come Carlo, chi calcio come Gianlu. Poi avevano i corsi di lingue come Lara, chi il corso di teatro come Gianna, in pratica non avevano un solo pomeriggio libero. Lo rispettavano, erano educati, corretti nei giochi, ma oltre la scuola non avevano mai legato veramente e Tomà non aveva mai insistito perché li percepiva troppo diversi da sé.

E infine c'erano gli *insopportabili*. Erano solo tre, ma erano la vera ragione per cui lui avrebbe preferito non andare a scuola.

Il primo era Luca, uno scricciolo dall'aria furba e la lingua tagliente, sempre rimasto scricciolo sin dalla materna.

Quando riviveva i ricordi della materna, Tomà li vedeva come i sogni in certi film, con le immagini dai bordi bianchi sfocati, le voci alterate, le scene statiche. Erano scene singole, separate, ad esempio Luca che lo picchiava con la visiera del berretto a cinque anni, la tenda indiana in cui si rifugiavano a coppie con la torcia e quel senso di avventura e proibito nel buio rischiarato, le corse nei corridoi, cose così, immagini che cominciavano a sembrargli lontane, come se quel bambino dentro fosse lui e non fosse lui... Con Luca aveva scoperto che di certi amici a un certo punto non ti puoi più fidare, perché verso la terza aveva cominciato a criticarlo per qualunque cosa, e il calcio, dove Tomà era impedito, e la Wii, che era vecchia e da sfigati mentre lui aveva la PlayStation, e le figurine, che Tomà non aveva. Quanti pianti che si era fatto a casa da solo! A causa sua aveva sviluppato il terrore di esprimere il suo parere per evitare di essere deriso davanti a tutti, e forse a farlo soffrire di più era vedere che l'altro diventava sempre più spigliato, sfacciato e capetto, e lui era tutto il contrario.

Quando poi si era calmato Luca, era arrivato Giò Giò, se possibile ancora più perfido; si intrometteva nei suoi giochi alla ricreazione e gli faceva fare delle figuracce tremende. Con lui aveva sperimentato le offese sul suo aspetto fisico, lo prendeva in giro per i capelli, per i dentoni davanti, e Tomà... gli bruciava il petto a pensarci, ma lui non sapeva difendersi dalle cattiverie. E poi Giò Giò aveva sempre come spalla Dimitri, che rideva a ogni scemenza del socio, e quindi era più difficile contrastarne due, gli morivano le parole in bocca, non aveva la battuta pronta, ingoiava umiliazione e dolore, e poi la notte pensava a cosa aveva di sbagliato lui.

A dire il vero c'era una quinta categoria, quella dei *traditori*, quella a cui gli faceva più male pensare. Max era stata l'ultima più grande delusione in ordine di tempo. Tomà lo chiamava "faccia di gomma" perché aveva la capacità di muovere bocca e orecchie contemporaneamente, faceva smorfie alzando le sopracciglia senza spostare gli occhi e comandava le orecchie con il naso. Un fenomeno. Non se la tirava per niente, anche perché i suoi genitori non erano ricchi come gli altri. Avevano entrambi la passione per i Lego, le loro mamme sembrava fossero diventate amiche, si invitavano spesso a casa, la mamma di Max faceva una cioccolata pazzesca... E poi, anche lui era cambiato, non lo invitava più, sua mamma aveva cominciato a fare la simpatica con le mamme VIP e non salutava più la sua, finché quel pomeriggio... Come poteva dimenticare quella volta che Max gli aveva detto che doveva andare dal dentista e all'uscita da scuola lo aveva visto con Luca e Alex che gli diceva di andare a casa sua? Loro, nella bolgia, non se n'erano accorti ma Tomà era rimasto pietrificato, e sulla strada del ritorno non si era trattenuto e aveva pianto come un bambino piccolo che non si vergogna della gente che lo vede.

Ma adesso, a ripensarci, gli faceva un male cane. Soprattutto per Alex. Era, doveva essere, lui voleva che fosse il suo migliore amico. O almeno continuava a sperarlo. Lo erano stati, migliori amici, da piccoli. Tomà si concentrava sulle immagini dei momenti belli e sul loro sapore. Quando avevano quattro o cinque anni e giocavano sempre assieme al garage e le macchinine. Quando lo invitava spesso a casa sua nei primi anni delle elementari e giocavano con i Lego, la città, il porto, il treno ad alta velocità bianco... Come gli piaceva, e com'era orgoglioso che il suo amico ammirasse i suoi giochi, e come lo faceva star bene la complicità che si creava, ogni idea che lui proponeva ad Alex andava bene e la completava con una sua variante, non c'era mai conflitto, polemica, i loro copioni di gioco erano perfetti. E poi Alex era gentile, "faccia d'angelo" lo chiamava la mamma perché sembrava il classico angioletto del presepe con i boccoli biondi e le guance rosa. Erano persino andati con i rispettivi papà a vedere *Star Wars*, e loro due davanti con una ciotola maxi di pop corn a sghignazzare senza motivo, perché quando si è felici non c'è mai un solo motivo, sono sempre tanti motivi in uno...

Per questo il cambiamento di Alex non se l'aspettava, non l'aveva mai capito, sapeva solo che aveva cominciato a giocare a calcio con Luca, all'intervallo faceva comunella con lui, andava a casa sua a giocare alla Play, e dalla fine della terza anche lui aveva smesso di invitarlo i pomeriggi per la merenda. Tomà non riusciva a crederci, Luca tanto aveva fatto che era riuscito a "rubargli" l'amico, e da allora erano stati solo momenti brutti. A farlo soffrire di più era il fatto che Alex fosse cambiato, che avesse tradito la loro amicizia. Come si può dimenticare un'amicizia? Adesso si parlavano, sì, ma come due compagni qualunque. La gente cambia, diceva la mamma, ma spesso cambia in peggio, pensava lui.

Questo rimuginava mentre superava l'ultimo semaforo, che dalla seconda, be', lasciamo perdere, la sua vita era cambiata nel peggiore dei modi, e dalla terza in poi tutto aveva cominciato a girare male.

Quindi no, non aveva proprio voglia di tornare a scuola, la scuola faceva schifo, crescere faceva schifo, i bambini sanno essere proprio cattivi e gli adulti... non si accorgono di niente.

E poi, vide la sua scuola.

Gli faceva uno strano effetto vederla a settembre. Era affascinato da come i luoghi possono suscitare emozioni diverse in base al momento. Lo stesso edificio, d'estate, gli dava un senso di tristezza e abbandono. Quando c'erano i colloqui con i genitori, nei corridoi si divertiva con i compagni a scoprire i giochini sui cellulari che gli adulti davano ai figli per tenerli tranquilli. Adesso, invece, quel parallelepipedo gli metteva paura, gli sembrava minaccioso per quello che l'aspettava.

Salendo le scale guardò il grande cortile quadrato, il grande albero davanti al quale avevano fatto l'appello per formare la classe il primo giorno della prima, pensò alla sua mano che non mollava quella della mamma, alla trepidazione dei compagni della materna che speravano di finire in classe con i migliori amici, e alla gioia nello scoprire che sarebbero stati assieme, lui e Alex.

E avanzando nei lunghi corridoi, che adesso conosceva a memoria, tornò con la mente al timore del primo anno di perdersi in quei tre piani che gli sembravano enormi, e gli venne la stessa strana ansia, come se gli scappasse la pipì, di quando tutti se ne stavano andando e lui restava ultimo...

«Tomààààà!» Non fece in tempo a ridestarsi dai suoi pensieri che Ciccio lo aveva sollevato stritolandolo in un abbraccio.

«Ciaooo! Lo sai che i miei mi hanno regalato un nuovo Nerf? È automatico, con le pile, spara tanti dardi a raffica. Lo sai? È bellissimooo!»

Aveva dimenticato che Ciccio aveva la passione per i mitra spara dardi di gomma. Fighi, certo, anche a lui piacevano tantissimo, ma non gli sembrava argomento da primo giorno dopo le vacanze. Comunque Ciccio era fatto così, viveva nel suo mondo e non si rendeva conto della differenza con gli altri. E forse era un bene infischiarsene del giudizio degli altri.

«Ciao». Per la regina delle sfighe si ritrovò senza volerlo a fianco di Sofi. Era il primo banco su cui si era fermato.

«Scusa, Tomà, questo posto è occupato» si affrettò a dire lei mettendo lo zaino sulla sedia.

«Tranquilla, salutavo per educazione...»

«Ah ok, ciao».

Si stupì per quel sarcasmo acido che gli era venuto fuori. Il fatto è che lo innervosiva da morire quella gara all'accaparramento del posto con il compagno preferito. I primi cinque minuti del primo giorno di scuola erano davvero crudeli, perché ognuno esternava senza tanti problemi simpatie e antipatie, si capiva come la classe era divisa, e chi erano gli sfigati che restavano soli.

Tre banchi più a sinistra, Luca e Alex erano già seduti assieme.

Si guardarono con Alex, abbassarono gli occhi, entrambi, senza dire nulla.

«Tomà, siediti qui con me, dai, che ho tante cose da raccontarti sui Nerf. Sai che si possono potenziare i proiettili? Ho visto un video su YouTube...»

Ciccio lo tirò a forza giù, fino a farlo sedere.

Fu allora che Tomà notò un particolare: Giò Giò nel suo banco aveva un cellulare in mano, e anche Dimitri al suo fianco. Anche Sofi e Vale, e molti altri. Perfetto, pensò, adesso il divario fra lui e loro era ancora più grande, adesso se la sarebbero tirata ancora di più e lui avrebbe avuto un altro argomento in meno di cui parlare.

La sua ansia più grossa era che, come l'anno prima, la maestra chiedesse come avevano passato le vacanze. C'era chi era andato ai Tropici, chi aveva fatto un giro delle isole in barca con lo skipper, chi era stato per due mesi nella villa dei nonni in campagna con una mega piscina. E lui, cosa doveva dire? Che aveva fatto dieci giorni in campeggio con la mamma e la nonna? Quando lo aveva raccontato, in terza, Luca aveva commentato: «Che roba da sfigati!», con un tono basso il giusto per non farsi sentire dalla maestra ma sufficiente ad arrivare alle orecchie dei compagni vicini, che avevano ridacchiato. Era stato uno dei momenti più brutti che ricordava, perché quell'alleanza di risatine lo bollava come diverso, escluso. Per la prima volta nella sua vita si era sentito "inferiore", e a fargli male erano più che altro le cose non dette contenute negli sguardi dei compagni.

Così, in quarta, si era inventato che era andato in alta montagna con dei cugini venuti dall'estero. Non era vero, per il quarto anno di fila era stato nello stesso campeggio di sempre, ma pur di non provare quell'umiliazione aveva mentito. Faceva un effetto strano dire una bugia, la prima in pubblico di tutta la sua vita, non tanto per aver violato una regola che chissà chi ha stabilito, ma perché si vergognava con se stesso per aver finto di essere qualcuno che non era, era come se avesse ripudiato il vero Tomà.

«Buongiorno, bambini!» La voce dolce e festosa della maestra non era cambiata per niente, e questo era rassicurante.

«Buongiorno, Serena!»

«Vi vedo raggianti, sarà l'abbronzatura o forse vi siete allungati... Comunque, spero abbiate trascorso delle bellissime vacanze e siate carichi, perché quest'anno faremo tante cose interessanti, un nuovo super spettacolo teatrale, delle gite molto istruttive. Vedrete, sarà un anno entusiasmante... A proposito di vedere, vedo che alcuni di voi hanno sul banco un cellulare... bene, forse i vostri genitori ve li hanno dati perché vi ritengono grandi, o perché qualcuno di voi comincia a venire a scuola da solo e mamma e papà vogliono poter comunicare con voi, ma finché siete qui in classe dovete tenerlo tassativamente spento, quindi su, spegneteli e metteteli nello zaino. Bravi... così, e ve lo dico chiaramente, guai se becco qualcuno di voi che usa il cellulare in classe, ok? Bene, allora prima di andare avanti volevo presentarvi una compagna nuova, forse l'avrete vista...»

No, Tomà non l'aveva vista, si era ben guardato dal guardarsi intorno. La cercò lanciando occhiatine qua e là. La maestra si era fermata davanti al primo banco e aveva fatto alzare una bambina mettendosela a fianco davanti a tutti.

«Lei si chiama Elena,» disse mettendole le mani sulle spalle «viene dalla capitale e spero l'accoglierete con grande calore e la farete sentire a suo agio».

Fu allora che Tomà si accorse che quel viso gli era familiare, l'aveva già vista sicuramente, ma dove? Considerando che lui non usciva quasi mai, non potevano esserci molte possibilità. Era... quello sguardo in una strada affollata... Era... ecco, era la bambina della serata delle lanterne per la pace.

Doveva essere fine giugno, o fine luglio, non ricordava.

Al mattino la mamma aveva letto sul giornale che la sera sul lungofiume ci sarebbe stata una cerimonia speciale, una roba tipo mettere pensieri di pace dentro lanterne di carta di riso che poi avrebbero liberato in cielo.

Si era messa d'accordo con suo fratello, lo zio Andy, per andare assieme, lui avrebbe portato la piccola Anna, la cuginetta di sei anni.

Ma Tomà petulò: «Che stupidaggine! Tutti i giorni i telegiornali dicono che ci sono guerre in tutto il mondo... mica le fermi con le lanterne!!!».

La mamma lo guardò sorniona, sapeva che in realtà Tomà era solo pigro e timoroso della folla, delle novità, ma non lo ammetteva: «Nessuno pensa di fermare le guerre con le lanterne, Tomà, però se diffondi la speranza ci saranno più persone che si impegneranno per non fare la guerra, capisci?».

Tomà non rispose, ma per tutta la giornata pensò allo spettacolo che doveva essere il fiume, al buio, coperto di fiammelle galleggianti.

E a dove sarebbero finiti quei messaggi. E se anche lui poteva scriverne uno... Così, dopo cena, alla fermata del tram era contentissimo e non stava fermo un attimo. Il marciapiede si riempiva di giovani. Tomà li guardava e ammirava, tutti profumati, eleganti, le ragazze truccate e belle con i propri fidanzati. Quando il tram arrivò, ci fu l'assalto per salire, e menomale che c'erano i genitori.

La mamma trovò posto con Anna sulle gambe, e Tomà si appoggiò dietro di lei con lo zio a fargli da scudo. Lo zio era un tipo particolare, aveva il barbone, la pancia e le braccia ricoperte di tatuaggi che lo facevano sembrare uno un po' pericoloso, e la cosa era buffa perché in realtà lo zio era un pacioccone che raccontava sempre barzellette e faceva ridere Tomà con i meme che trovava su YouTube. Tutt'intorno c'era una massa di ragazzi che parlavano francese, e ragazze spagnole addosso alla mamma, ma lui dalla sua altezza non vedeva niente.

"Che fregatura!" pensava. Avrebbe voluto sedersi e guardare la città dal finestrino, invece non poteva muoversi e non vedeva l'ora di scendere. A ogni fermata provava a salire ancora gente, ma non c'era più spazio per nessuno. Anche lo zio stava sudando e si vedeva che faceva fatica a contenere la folla per non far schiacciare Tomà.

A un certo punto cominciò a sentirsi una puzza terribile di uovo marcio, l'odore inconfondibile delle peggiori puzzette. Le ragazze spagnole dicevano disgustate: «*Qué hedor!*». I ragazzi non dicevano nulla ma si coprivano il naso. Per di più si soffocava. Dopo qualche fermata la puzza ritornò, e di nuovo tutti a tapparsi il naso. «Ma che schifo!» disse un ragazzo barbuto a denti stretti. Qualcuno non stava per niente bene di stomaco, e doveva essere vicinissimo. Faceva davvero caldo, e Tomà trovò il coraggio di dire: «Mamma, mi sta mancando l'aria».

«Ok, alla prossima scendiamo» disse lo zio nervoso.

Alla fermata successiva ci fu uno spingi-spingi generale e tutto il tram si svuotò. Sul marciapiede c'era un fiume di gente, non ci si poteva muovere. Tomà ebbe paura di perdersi e strinse forte la mano della mamma.

Poi la folla si mosse come una processione, tutti nella stessa direzione, invadendo anche la strada. Tomà pensò che quella cosa delle lanterne doveva essere davvero importante se tutta quella gente era disposta a fare tanta strada. Sarebbe stata una grande festa e, anche se gli batteva forte il cuore per l'ansia, non vedeva l'ora!

La processione finì in una piazza già stracolma di gente. C'era la luce rosata e bella del tramonto d'estate. Lo zio e la mamma decisero di procedere nella stessa direzione. Il fiume si intravedeva appena oltre la strada e il groviglio di persone. Poco più avanti, sulla destra doveva esserci una darsena con tanti locali, e la strada superava il canale con un ponte. Delle lanterne nemmeno l'ombra.

«Zia, io ho sete...» si lamentò Anna.

«Al primo bar ci fermiamo, cucciola».

Dopo pochi metri già non si camminava più.

Lo zio allora disse alla mamma: «Più avanti, all'angolo, dev'esserci una gelateria, ti ricordi? Poi ci infiliamo in una traversa e ci togliamo da questa folla».

La mamma non era d'accordo: «Non vedi che non ci si può muovere? Torniamo indietro e andiamo sull'altra sponda della darsena».

«Ma scherzi? Facciamo notte ora che arriviamo, non vedi quanta gente?»

Zio e mamma erano nervosi. Anche Tomà era nervoso, non aveva mai visto così tante persone tutte schiacciate, e la cosa lo preoccupava.

Si misero in fila e avanzarono ancora, lentamente. Poi lo spazio finì, non potevi più andare avanti, perché la gente non si muoveva, né indietro, perché ti spingevano. A destra e sinistra eri impacchettato.

Allora lo zio prese Anna e se la mise sulle spalle per paura che la schiacciassero. La gelateria non si vedeva.

La mamma disse tutta nervosa: «Vedi che non c'è nulla? Dovevi darmi retta!».

Anna voleva l'acqua. Lo zio sbuffava: «Devi avere pazienza, prima togliamoci da qui!».

Fu a quel punto che arrivò un flusso contrario di persone che, spingendo, passo passo separarono la fila con una forza mostruosa, e zio e Anna persero il contatto con Tomà e la mamma.

Lo zio Andy urlò: «Andate verso la stazione della metropolitana, ci vediamo lì, aspettateci!».

Il traffico era bloccato, non passavano né auto né tram, ovunque ci si girava si vedevano persone, in strada, sul marciapiede, sembravano traboccare anche dalle porte dei bar.

Per un po', nonostante il torrente di gente contromano che li separava, Tomà vide Anna sopra lo zio. Si lamentava, le facevano male le gambe, aveva sete e voleva vedere le lanterne.

Lo zio sudava e sbuffava: «Chissenefrega delle lanterne, Anna, pensiamo a levarci di torno!».

Dopo, il torrente si allargò e Tomà non vide più Anna. Furono separati del tutto. Gli accelerò nel petto una paura nuova e violenta, per lo zio, per sé che si sentiva come carne trita, e la mamma, e per il modo improvviso in cui un divertimento si era tramutato in un incubo e la gente sembrava impazzita.

Davanti a lui c'erano due giovani con una bottiglia di birra in mano. E davanti a loro delle signore con la borsetta a tracolla. Una si girò un po' severa: «Giovanotto, stia attento a non bagnarmi con quella birra!». E il ragazzo con tono maleducato: «E cosa faccio, la butto, signora? Non me la bevo?».

Di fronte a sé Tomà vedeva solo gambe e didietro delle persone, ed era talmente schiacciato che gli mancava l'aria. La mamma cercava di fare resistenza a quelli che premevano alle spalle.

Poi Tomà si voltò alla sua destra, senza sapere perché. E a quel punto vide una ragazzina della sua età, riccioluta e castana un po' chiara, anche lei con la sua mamma che la proteggeva. Si guardarono e si sorrisero, ma nessuno diceva nulla, nemmeno un ciao. Si avanzava mezzo passo alla volta. Si guardavano e si sorridevano, le mamme se ne accorsero e sorrisero. Tomà percepì che la bambina era meno spaventata di lui e questo lo rasserenò, anche perché aveva un bel sorriso, il sorriso di una di cui ti puoi fidare.

Dopo, un altro flusso violento della folla li separò e Tomà non riuscì più a vederla.

Finalmente lui e la mamma riuscirono a svoltare un angolo e a infilarsi nello spazio fra due moto. E dopo un po' videro sbucare anche lo zio e Anna.

«Ah, siete qui, menomale!» esclamò lui, tutto sudato. Posò a terra la piccola che si lamentava per la sete e le gambe che le formicolavano.

«Dai, bimbi, un ultimo sforzo» li esortò la mamma. «Andiamo a prendere la metro e togliamoci da questo manicomio».

Una marea contraria di persone continuava a salire. A fatica raggiunsero la metro, anche quella affollatissima. Mezz'ora dopo erano nella gelateria vicino casa.

Tomà si sfogò, mentre leccava il suo gelato: «Che serata del cavolo! Non ho visto le lanterne, tutti litigavano come dei pazzi e mi stavano pure schiacciando. E per giunta sul tram mi sono beccato delle puzzette micidiali!».

«Già! Indovina chi era la responsabile?» intervenne la mamma. «Questo angioletto qui!»

Tutti guardarono Anna stupefatti. «No, eri tu?» esclamò Tomà.

Anna fece un sorrisetto da birba, e anche un po' vergognoso: «Ehi, che volete, mi scappavano!».

Tornarono a casa ridendo come matti. «Ma come?» disse lo zio. «Andiamo a una manifestazione per la pace e tu sganci le bombe chimiche?»

Anna non capiva, ma rideva anche lei tenendosi la pancia: «Bombe chimiche, ah, ah, ah!».

Di quella serata claustrofobica e terrificante Tomà ricordava lei, quella bambina che gli sorrideva e gli dava fiducia in mezzo alla follia generale.

E adesso era lì, Elena, che veniva dalla capitale. Proprio nella sua classe. In quel momento si ricordò che nell'istante in cui aveva guardato l'ultima volta a destra ed Elena non c'era più, era riuscito a intravedere uno spicchio di cielo e per un microsecondo le aveva viste, decine di lanterne con la fiammella al centro che tremolavano nel buio della notte, e salivano, salivano leggere.

Come una danza di luci.

OTTOBRE

Essere un nabbo

«Sparagli, spara a quello! No, l'hai mancato... ma che fa si nasconde? Costruisce una casa di legno? una rampa? Che fa?»

«Nonna, non mi deconcentrare...»

«Ah sì, scusa... eccolo, è rispuntato... sparagli, sparagli! Ma che salta come un coniglio? Pure tu salti? E piglialo, mi fate venire il mal di mare con tutti 'sti balletti...»

«Nooo, non è possibile, sempre così finisce!»

«Che è successo? Che è quel raggio di luce?»

«Sono morto, nonna, c'è che faccio schifo. Anzi, questo computer fa schifo!»

«Oh, signorino... allora vai a giocare fuori anziché stare qua a sparare a delle immagini sul video!» Nonna Pro quando si arrabbiava era rude, alzava la voce e sembrava pronta a litigare col mondo, e quell'aggressività che le veniva fuori a volte lo intimoriva. «E ringrazia tua madre che ti ha fatto usare il suo computer, io non voglio che ti rincretinisci con questi sparaspara...»

Per tutta la quarta aveva cercato di convincere la mamma a lasciarlo giocare. Niente PlayStation, su questo era stata irremovibile. Ma alla fine forse si era impietosita perché passava i pomeriggi da solo e non lo invitava nessuno, così gli aveva concesso di usare il suo PC portatile.

In estate aveva cominciato a giocarci, ma non più di un'ora al giorno, anche su questo la mamma non sentiva ragioni.

Ma adesso che ci giocava da un po' di mesi, pur con tutte le limitazioni, aveva capito una cosa: *Fortnite* è come la vita, per almeno tre motivi.

Il momento più bello era all'inizio di ogni partita, quando attraversavi la mappa con l'autobus blu, tipo quello delle scuole americane, che volava grazie a una mongolfiera, e poi ti lanciavi col paracadute e avevi il tempo di goderti il panorama dell'isola, col suo verde, il vulcano, e poi i particolari delle case, delle colline, le auto abbandonate e i laghetti. Era bello anche se vedevi altri giocatori che scendevano assieme a te e sapevi che da lì a poco vi sareste dovuti sparare. Era bello quel senso di pace dall'alto, quei pezzi di quartieri senza vita, come vedere la città dal tetto del tuo palazzo; erano belli i colori e la luminosità, che sapevano di un mondo senza problemi.

Poi atterravi e cominciavano i problemi.

Il mondo di *Fortnite* gli suscitava un'inquietudine mista a una malinconia da fine del mondo, tipo quando andava nella piazzetta a fianco alla scuola ad agosto e non c'era anima viva. Lui sapeva ben poco dei personaggi, delle loro tenute e fisionomie e soprattutto dei loro balletti, tipo la "spazzolata" che tutti imitavano. Ci provava a casa a muovere le braccia avanti e dietro il busto mentre faceva oscillare le anche, ma perdeva sempre la coordinazione. Alcuni personaggi si muovevano con uno skateboard volante ma lui preferiva andare a piedi e farsi vedere il meno possibile. Da un lato gli piaceva la grafica da cartoni animati, la luce e i colori allegri, il fatto che non c'era vera violenza e quando morivi ti trasformavi in un raggio di luce bianca aspirato da un drone sopra di te. Dall'altro, aggirarsi per un paesaggio disabitato, futuristico, entrare in case o negozi o palazzi vuoti, dove un tempo vi era stata vita e adesso si lottava per sopravvivere, proprio quel lottare per sopravvivere lo inquietava sottilmente.

Vedeva sulla mappa che c'erano diverse zone, una con un ghiacciaio, un'altra con un deserto e palazzi moderni, in altri posti c'erano fabbriche, abbandonate ovviamente, e fast-food, macchine lasciate per strada come se qualcosa avesse eliminato le persone all'istante. Sapeva anche, per sommi capi, che c'era una storia dietro, e che ogni tot mesi cambiavano Season e scenario, e la storia subiva un'evoluzione. Così come la mappa.

Con l'inizio della scuola aveva sentito dire ai compagni, ovviamente Luca e Giò Giò, che si era conclusa la Season 5, che il Cubo era finito nel lago Sponde del Saccheggio e l'acqua era diventata viola e rimbalzante. Capire quello che era successo prima era un problema: da pezzetti di frasi aveva intuito che all'inizio c'era stata una meteora da cui si erano staccati degli oggetti luminosi e dagli strani poteri. Poi un tizio chiamato Visitatore aveva lanciato un razzo, per far che cosa non era chiaro, e nel cielo si erano aperte delle crepe, fenditure, robe così, da cui erano stati risucchiati alcuni oggetti della mappa e sputati fuori altri oggetti terrestri, robe così. Poi dalla crepa più grande erano partiti dei fulmini sopra una collina, e da questi fulmini era nato il Cubo. Non era granché come quadro, aveva un miliardo di cose da capire, ma non voleva certo chiedere i particolari di ciò che gli restava oscuro a Luca, o Giò Giò, o altri: loro passavano ore a giocare, seguivano gli youtuber più famosi che facevano delle *live* in cui svelavano molti dettagli di ogni Season, ammettere di non sapere nulla sarebbe stato un suicidio, come dargli le armi per farsi uccidere.

Quindi meglio ignorare tutto il passato di *Fortnite* e dei suoi protagonisti, vivere alla giornata e scoprire le cose da solo.

Ecco la prima ragione per cui *Fortnite* è come la vita. Perché ha una sua storia, una sua evoluzione della mappa, dei personaggi, degli accessori e delle armi. E ci devi essere dentro per capirla.

Lui preferiva la zona quasi a centro mappa di Pinnacoli Pendenti, la città del futuro dai palazzi dalle forme squadrate, ma la guardava da lontano perché tutti andavano lì e rischiavi di essere ucciso subito. Preferiva camperare, starsene acquattato in mezzo agli alberi sulla collina sopra Magazzino Muffito, e da lì cercare di cecchinare qualche occasionale giocatore.

Dopo che aveva ottenuto l'ok a giocare, non poteva certo continuare a lamentarsi perché voleva stare più tempo al computer, o perché non aveva il PC da gamer, potente e veloce, o le cuffie per parlarsi in chat, o la benedetta Play... Sapeva che i soldi a casa avevano il loro peso, e questo comportava delle priorità che rendevano molte cose superflue, mentre per gli altri il superfluo era essenziale. Gli altri non dovevano scegliere e rinunciare, lui sì; gli altri sembravano non capire che con la loro super paghetta e i soldi di nonni e zii avevano tanto denaro da potersi comprare non una ma due Play, mentre lui non aveva nemmeno la paghetta. Lui lo sapeva bene, e aveva imparato ad accettare quei limiti come una legge della vita.

A volte si chiedeva se Ciccio, Amin, Addi, la nuova compagna Elena, forse, quelli che non sembravano ricchi e non parlavano mai di super vacanze o weekend in montagna, si ponessero il suo stesso problema dei soldi e se provassero i suoi stessi sentimenti. Il guaio era che, oltre alla solitudine, gli veniva il magone a non poter avere tutte le cose che avevano gli altri. E si vergognava due volte di quel sentimento: verso gli altri, perché si chiedeva cosa pensassero di lui vedendo che non aveva tutto quello che avevano loro; e verso mamma e nonna, perché erano fiere della loro vita e non immaginavano neanche lontanamente la sua invidia.

Eppure quanto avrebbe voluto avere gli accessori di *Fortnite*, per lo stesso motivo dei suoi compagni, il piacere del superfluo.

Quello era il secondo motivo per cui *Fortnite* è come la vita, perché tutto nella vita è fatto di accessori e abbellimenti. Con i soldi del gioco, i V-bucks, puoi comprare balletti, oppure skin, cioè personaggi nuovi, o deltaplani che cambiano a ogni Season, o persino picconi colorati o con effetti luminosi con cui spaccare case, alberi e oggetti per ottenere armi, materiale da costruzione o fiale che ti danno vita. Certo, avere queste cose non ti fa diventare un giocatore migliore, ma ti fa sentire figo, le compri perché sono belle e per il gusto di averle, perché le hanno gli altri, così come i grandi vogliono avere i vestiti, gli occhiali, le auto alla moda. A dire il vero, comprare i Pass Battaglia e avere molti accessori ti aiuta a sbloccare nuovi personaggi e alla fin fine ti fa avanzare di livello più velocemente.

Quindi anche in *Fortnite* i soldi fanno la differenza, e questo è il terzo motivo per cui è come la vita. Pensando al gioco e a quello che facevano i compagni, per lui era come vedere una spiegazione chiara di come funzionano le cose fra le persone.

Il concetto è semplice: se hai i soldi, ti godi di più la vita. Non solo perché viaggi di più, puoi conoscere più cose, provare nuove cose tecnologiche... questo è ovvio. Ma il vantaggio di fare o avere tutte queste cose è che sai molte più cose degli altri, e quindi avrai meno timore di chiedere, prendere, fare, provare e così via. Se sei uno che a dieci anni non ha ancora preso l'aereo per andare all'estero, non è mai stato a New York o a fare le vacanze in barca, non sa nemmeno com'è fatto uno sci e cose così, ovvio che ti sentirai più insicuro per ogni cosa che vuoi fare.

Una conseguenza di questo fatto, e che legava *Fortnite* alla vita, aveva a che fare col sentirsi sicuro di sé... oppure uno schifo. Cioè, più cose conosci del mondo e più cresce la tua sicurezza con gli altri. Se passi tante ore alla Play diventi più forte, se diventi più forte e scopri i segreti del gioco grazie agli youtuber diventi più popolare con i compagni, se esce un nuovo videogioco e tu lo chiedi e lo ottieni pensi che per te è facile avere le cose, se è più facile avere le cose ti fai meno problemi con gli altri. Se poi gli altri hanno più o meno le tue stesse cose allora avete di che scherzare, parlare, criticare, o scambiare.

Se invece non giochi con la Play, ma col PC portatile della mamma, che ha memoria appena sufficiente per sostenere il gioco, e una scheda grafica non all'altezza, allora sei destinato a perdere, sei impedito nei movimenti, salti e costruisci le protezioni e spari in ritardo rispetto agli altri, non ti godi il gioco perché si bagga continuamente, vedi le immagini con grossi pixel, finisci sotto la mappa e sul più bello, quando magari stai per uccidere un nemico, si blocca per l'ennesima volta tutto e quando si riattiva l'immagine vedi la luce del drone che ti porta via perché sei morto. E morire sempre è uno schifo.

Come nella vita aveva e aveva visto molte meno cose dei compagni, così a *Fortnite* era un "nabbo", uno scarso, un impedito, un principiante, uno che non può competere con gli altri, e quindi è destinato a camperare nascosto nell'erba per evitare il confronto con quelli più forti di sé.

Questo gli sembrava il suo destino e gli faceva proprio male, ma non lo avrebbe mai detto alla mamma per farsi comprare la Play.

«Tomà, hai finito con quel gioco? Accompagnami a comprare le sigarette, va'...»

Non poteva dire di no a nonna Pro, anche se a volte avrebbe preferito restare dentro *Fortnite* a vedere le ombre che si allungavano rapide mentre il tramonto brillante rendeva ancora più malinconico quel mondo abbandonato.

Tomà sapeva che quella delle sigarette era solo una scusa, il tabaccaio era all'incrocio sotto casa, non c'era certo bisogno di allungare di quasi un chilometro fino al parco. Era dalla terza che lo spingeva a uscire per andare ai giardini a fare un po' di ginnastica con i ragazzi del *calisthenics*. La pedana quadrata, in cima a una collinetta al centro del parco, dove si riunivano gli sportivi, era il posto preferito di Tomà. Sotto due *Ginkgo biloba*, erano concentrati come gli alberi di un veliero la trave per le trazioni, un'altra con gli anelli, le parallele alte e basse, le panche per gli addominali e per ogni altro esercizio a corpo libero. Ogni pomeriggio ci venivano sempre gli stessi ragazzi, da anni. Alcuni di questi, i più assidui, la nonna li conosceva perché erano amici del papà; anche Tomà li conosceva, lo avevano visto crescere e imparare a fare gli esercizi agli anelli o gli addominali sospeso a L sulle parallele.

Tomà sapeva anche che la nonna quella scenetta delle sigarette la faceva per lui, per non farlo stare solo a casa. E probabilmente la nonna sapeva che lui lo sapeva, ma continuavano lo stesso la manfrina perché nonna Pro era fatta così, un po' teatrale, non era una gran chiacchierona, e quando parlava aveva sempre un umorismo burbero.

A lui in fondo piaceva mettersi alla prova sulle travi o sugli anelli. E non si sentiva affatto in soggezione di fronte a quei ragazzi di dieci o quindici anni più grandi di lui e con dei muscoli che sembravano statue. Nessun imbarazzo, non solo perché li conosceva da tempo, ma perché lo trattavano alla pari, non doveva dimostrare niente, ma aveva tutto da apprendere, e loro erano ben felici di svelargli la tecnica giusta, però soltanto se lui chiedeva. Lui preferiva non chiedere e guardare. Era riuscito da solo, imitando a modo suo gli altri, a fare la verticale a testa in giù sugli anelli, mentre nelle trazioni alla sbarra riusciva a tirarsi di poco su, non più di tre volte, e dovevano aiutarlo i ragazzi ad aggrapparsi perché la sbarra era troppo alta per lui.

A Tomà piaceva un'altra cosa: il tragitto con la nonna. Il chilometro scarso fino al parco era l'occasione per parlare della scuola, dei compagni, ma anche delle cose del passato che Tomà non conosceva, dei ricordi del papà da piccolo, e pure dell'infanzia della nonna. Certi racconti erano diventati epici in casa, come quello di quando papà verso i sei anni era caduto in un fosso in campagna dove due vipere si stavano scontrando e nessuna lo aveva morso, miracolosamente! Il nonno, poi, aveva dovuto scacciare i serpenti con un potente getto d'acqua prima di recuperare il papà che urlava terrorizzato ma aveva avuto il sangue freddo di restare immobile come gli dicevano i grandi. O quella volta che il fratello minore del papà, a tre anni, era salito sul tavolo della cucina e stava per aprire la finestra, dal quarto piano, e la nonna si era paralizzata per la paura.

Altri racconti, invece, emergevano per caso, fra domande e divagazioni. Come quando Tomà chiese se il papà avesse mai fatto a botte e la nonna rispose di no, ma poi all'improvviso si ricordò che ci era andato vicino proprio davanti a lei. Una volta si erano fermati in auto in un viale isolato in periferia per far provare la bici nuova al papà. Avrà avuto meno di dieci anni. D'un tratto dal nulla sbucano tre ragazzini, uno, il capetto, gli scaglia contro un'arancia marcia e lo manca, però lo circondano, e il capetto gli blocca il passo e agguanta il manubrio. Il nonno era poco davanti in auto, e guardava tutto dallo specchietto retrovisore. «Vediamo se gliela molla?» disse alla nonna. «Se la molla non gliene compro un'altra». Si era avvicinato il ragazzo di destra e papà lo aveva spinto. Poi quello di sinistra e papà un'altra spinta sul petto. Il capetto cercava di farlo cadere ma papà non mollava la bici. A quel punto il nonno aveva ingranato la retromarcia strombazzando e i ragazzini erano scappati.

Quello era l'episodio che più piaceva a Tomà, si immaginava la scena come in un film, e poiché si ricordava papà atletico, appassionato di pugilato e arti marziali, ne concludeva che doveva essere sempre stato forte sin da piccolo.

«Ma papà era muscoloso alla mia età?» chiese una volta.

«Ma va', era magro come te, non era massiccio. Però non si faceva mai mettere i piedi in testa da nessuno, sai? Alle elementari aveva un compagno che era il doppio di lui in larghezza, sembrava un piccolo Mike Tyson. Tuo padre raccontava che nemmeno in otto riuscivano a buttarlo giù. Un giorno tuo padre tornò a casa con dei bei graffi sul collo. Che era successo? In pratica il compagno aveva voluto metterlo alla prova e gli aveva rubato l'astuccio. Forse si aspettava che tuo padre andasse dalla maestra, o che piagnucolasse, invece se l'è andato a riprendere. Ovviamente quello ha buttato l'astuccio ed è andato addosso a papà, dovevi vedere come lo raccontava a casa tutto orgoglioso, quell'altro gli aveva messo la testa in una morsa nel braccio, e allora anche tuo padre si era aggrappato al suo collo, allora quello gli tirava i capelli, e anche tuo padre si è messo a tirargli i capelli, quello lo graffiava in faccia, e anche tuo padre lo graffiava... Alla fine sai com'è finita? Che la maestra li ha separati, erano tutti e due rossi come peperoni, stavano per piangere ma tuo padre resisteva. Il compagno gli ha detto: 'Ma tu non molli mai?', e da quel momento lo ha rispettato per tutta la vita, anche dopo, da adulti».

Tomà adorava quel racconto, anche se provava dispiacere a non avere la stessa grinta di suo padre. Forse, pensava, da qualche parte doveva averla quella grinta, lo sentiva, anche se non sapeva come tirarla fuori. Non capiva se era una questione di sopportazione – tipo quante offese, prese in giro, e umiliazioni servivano per sprigionare tutta la sua rabbia? O se tutte le offese del mondo non erano sufficienti a far scattare il suo coraggio, a farlo ribellare a ciò che non gli andava. Ma dove lo trovava il coraggio? Questo tipo di ragionamenti lui li chiamava "Pensieri Importanti" perché erano diversi da quelli di ogni giorno. Erano un po' come i concetti chiave che nel sussidiario riassumono le cose importanti da ricordare in ogni capitolo. Ecco, come certi concetti chiave aiutano a ricordare, i Pensieri Importanti aiutano a capire come funziona la vita.

A questo stava pensando quel pomeriggio, al coraggio, così, come seguendo il filo dei suoi pensieri, chiese a nonna Pro: «Nonna, ma papà come faceva a essere coraggioso? Cioè... se non era grosso e forte, dove lo trovava il coraggio?»

«Ma gioia mia, il coraggio non ha a che fare con la forza, ha più a che fare con il rispetto di sé. Quanto più rispetti te stesso e i tuoi valori e non sei disposto ad accettare ingiustizie e soprusi, tanto più avrai il coraggio di affrontare la paura e farti valere. Invece più bassa è l'opinione di te, meno ti rispetti, e più sarai vigliacco di fronte alle cose brutte. È semplice alla fin fine: se non credi in ciò che sei, di fronte a una cosa ingiusta ti giri dall'altra parte, ma se credi in ciò che sei allora lo difendi a ogni costo, a ogni costo, anche se devi scontrarti con quelli più grossi e forti di te».

Ecco, quello era uno dei Pensieri Importanti più belli che aveva appreso dal papà tramite la nonna. Solo che era difficilissimo da applicare.

«Sciao, Tomà! Nonna Pro, sei venuta anche tu? È perché sci sono io, sono troppo bello, vero?»

«Fai poco lo spiritoso, Màic Tàison, che quattro cazzottoni non te li leva nessuno!»

«Hi, hi, hi... Nonna Pro, sei troppo forte!»

Come rideva Selim non rideva nessuno. A Tomà piaceva la sua voce impastata, la finestra di due denti mancanti nell'arcata superiore che lo faceva fischiare, il contrasto fra i denti molto bianchi e la pelle nera. Ma soprattutto, ancora dopo anni, lo impressionava l'ombelico fuoriuscito che sporgeva come un codino e si vedeva anche attraverso la maglietta. Che fosse un'ernia non curata, come gli aveva spiegato Selim, o chissà che altro, per Tomà era una stranezza troppo insolita che rovinava la perfezione del fisico statuario di Selim, e a Tomà piacevano le imperfezioni, erano quelle che davano personalità. Così come gli piacevano i miscugli, le varietà.

Ecco perché adorava quell'angolo del parco, perché nel raggio di pochi metri erano concentrati una pista da skate, con le sue conche e le rampe per i salti, la sbarra, gli anelli e le parallele, e alcuni muretti di una specie di anfiteatro. Lì si riunivano ragazzi di ogni età e colore, colore di pelle, colore di capelli, di pantaloni e di felpe. Gli skaters erano i più giovani, non superavano i sedici anni, ogni tanto c'era anche qualche ragazza, e tutti avevano pantaloncini larghi e sneakers. Il gruppetto che provava i salti e le capriole del *parkour* si distingueva per la tuta e le Nike, tutti rigorosamente di colori scuri. Ognuno di questi angoli era un mondo a sé, eppure tutti si incrociavano senza disturbarsi, senza ostacolarsi o darsi fastidio. Ed era questo equilibrio la cosa più bella per Tomà.

E poi c'erano "i ragazzi", come li chiamava nonna Pro.

I veterani, quelli che c'erano sempre, con la pioggia, col freddo, e d'estate a torso nudo, erano quattro, gli altri cambiavano e andavano. Selim veniva dall'Africa, era bravissimo a fare la "bandiera" sul palo di sostegno della trave per le trazioni, e litigava sempre per ridere con Tony detto "Aquaman" perché per la stazza, il codino e la faccia assomigliava a Jason Momoa. Aquaman si tirava su con un braccio solo alla sbarra e riusciva a stare tanti secondi in verticale sulle braccia a testa in giù e senza cadere. Poi c'era Ricky "il Rosso" perché sembrava un vichingo col pizzetto curato ed era il più anziano di tutti, doveva avere sui trent'anni o giù di lì.

Lui e Selim facevano a gara a chi resisteva di più appeso con le braccia alle parallele e sospeso con la sola forza degli addominali a mezzo metro dal suolo. L'ultimo era Vassili il Rumeno, Tomà non aveva mai capito se veniva dalla Romania o se era solo un soprannome. Era quello dal fisico meno scolpito dei quattro, che saltava continuamente con la corda come i pugili e raccontava di posti sempre nuovi dove era stato in giro per il mondo.

Questa era la famiglia del *calisthenics*, la seconda casa di Tomà, dove lui veniva perché si sentiva libero di giocare a fare l'adulto. Adulto non perché stava con i grandi, be', un po' sì, gli piaceva stare con quelle "statue greche", come diceva la nonna; adulto perché, a furia di sperimentare e provare, lui stava scoprendo il piacere di controllare il suo corpo. E per lui non c'era nulla di più vicino al concetto di "diventare grande" che quella confidenza stretta col suo corpo che cresceva.

«Màic Tàison, fai fare quattro trazioni a Tomà mentre mi vado a comprare le sigarette» disse la nonna accompagnando con una mano sulla spalla il nipote. «Mi raccomando!»

«Tranquilla, nonna, qui è di casa».

«Ci vediamo fra un'oretta, Tomà» lo salutò nonna Pro, mentre Tomà si chiedeva se davvero stesse andando a comprare le sigarette fermandosi un'oretta al bar, o se la nonna facesse altro in quel lasso di tempo.

In quell'area Tomà aveva la sua routine. Selim o Aquaman lo aiutavano a saltare e aggrapparsi alla trave per le trazioni o agli anelli, che erano troppo alti per lui. E poi ripeteva sempre gli stessi esercizi.

Adorava la ripetizione, lo faceva sentire sicuro, tranquillo. Per lui era uno dei suoi Pensieri Importanti, anche se non era certo fosse giusto perché la mamma gli diceva sempre che cambiare è bello.

Un'altra cosa che adorava era stare a testa in giù agli anelli. Saltava su, restava in trazione un attimo con le braccia tese, poi piegava il busto in avanti finché non arrivava con la testa verso il suolo, le braccia parallele al busto e appese agli anelli e le gambe piegate indietro a novanta gradi. Poi lentamente sollevava le gambe verso il cielo e restava dritto.

A quel punto, per quei pochi istanti in cui riusciva a restare sospeso, gli sembrava di camminare nel cielo, vedeva i suoi piedi in alto nell'aria, e lui li muoveva come se facesse dei passetti. Non si poneva il problema se era una posizione innaturale o se doveva fare sforzo, quello stare sull'attenti nel mondo capovolto con il cielo sotto i piedi lo faceva sentire beato, come se tutte le leggi che conosceva fossero ribaltate e lui fosse l'unico abitante di quello strano reame.

«Ciao, Tomà, ma sei tu?»

Una voce di bambina lo scosse dal suo mondo all'incontrario.

Lei si accorse che non l'aveva subito riconosciuta, allora si piegò di oltre novanta gradi cercando di mettersi parallela al busto e il volto di lui.

Il sorriso di Elena era a pochi centimetri dalla sua faccia.

Tomà si vergognò. Piegò le gambe, ruotò il busto riportando la testa su e con un saltello atterrò.

Si sentiva come se lo avessero scoperto a rubare, o cose del genere, cose che gli altri non dovevano vedere, non dovevano sapere.

«Ciao» disse con gli occhi bassi.

«Che ci fai qua? fai ginnastica artistica?» Elena aveva sempre un certo brio nella voce, in qualunque occasione, notò Tomà.

«Ehm no, una specie, o forse una specie di *calisthenics*. Imito un po' loro, i miei amici...»

«Ah, hai amici grandi?!?» Non si capiva se era una domanda o un'affermazione, ma di certo Elena era stupita. «Io faccio ginnastica artistica, sai? Sai fare la verticale? E la verticale con camminata?»

Non finì nemmeno di dirlo che già si era messa in verticale sulle braccia e aveva cominciato a camminare con un misto di equilibrio e grazia che Tomà non aveva mai visto, abituato com'era alla forza dei suoi amici che sfidavano la gravità. La disinvoltura della compagna lo imbarazzò ancora di più, anche perché il solo pensiero di dover dimostrare qualcosa lo paralizzava.

«Uhm no, non sono molto elastico, al massimo riesco a fare la verticale appoggiandomi sulla testa, ma sono un po' impedito...»

"Un po' impedito? Ma come ti è venuto in mente?" gli urlò una vocina dentro di sé. Che bella presentazione: piacere Tomà, sfigato e impedito! Il guaio era che era la verità. E quando lui era teso e imbarazzato non sapeva pensare ad altro e diceva sempre la verità.

«Elena? Dai, andiamo! Basta, su!»

La mamma di Elena si capiva che era più imbarazzata di Tomà, non sapeva da che parte guardare. Era una reazione comune a molte donne verso "i ragazzi", Tomà lo aveva imparato col tempo, osservando. Alcune ragazze giovani, si fermavano a distanza e guardavano sfacciatamente commentando con sorrisini. Alcune signore anziane si fermavano per capire che strane acrobazie facessero quei giovanotti. Le giovani mamme, invece, guardavano con la coda dell'occhio mentre spingevano il passeggino. Forse si vergognavano, pensava, o forse era da maleducati stare a torso nudo d'estate, mostrando i muscoli e il sudore.

«Devo andare, Tomà, ci vediamo domani a scuola». Poi Elena si fermò un attimo e girandosi aggiunse: «Bello questo posto e gli esercizi che fai. Fico!».

E corse via.

«Carina... chi è, la tua fidansata, Tomà?»

Stava ancora assaporando quel momento, il fatto che avesse ricevuto un complimento, e la voce di Selim lo scosse come una doccia fredda.

«Ma no, io non ho una fidanzata, è una mia compagna di classe...»

«Perché non puoi avere una fidansata? Ti aiuto io, se vuoi consigli sulle ragasse chiedi a Selim... hi, hi, hi».

«Ma che gli dici?!? Tu, con la tua musica trap e la tua cresta da tamarro, le fai scappare le ragazze!» Aquaman col suo vocione baritonale si beccava sempre con Selim, e Tomà si divertiva un sacco a sentire i loro insulti fantasiosi.

«Parla lui, il fotomodelo, tu sei rimasto agli *Imagine Dragons* e i *Maroon* 5. Casso ne capisci di musica...»

«Parla pulito, *cabron*!» lo apostrofò il Rosso indicando con gli occhi Tomà.

«Casso scusa, Tomà, mi dimentico sempre...»

«Ogni volta te lo devo ricordare. Pensi col culo tu».

«Non rompere i coglioni se no vengo lì... hi, hi, hi...»

«Sì? E che fai, Tyson? non è che solo perché sei nero, eh?!? T'appendo per le palle, anzi no per l'ombelico...»

«No l'ombelico no, non vale! Siete due culi bianchi contro uno nero!» rise Selim.

Tomà era già scoppiato a ridere al primo "casso". Rideva perché si dimenticavano sempre di lui e si lasciavano andare a quel tipo di linguaggio. Rideva perché forse lo facevano apposta perché c'era lui e sapevano che così lui si sentiva un po' più grande. Rideva perché, per quante parolacce potessero dire i suoi compagni, era nulla in confronto a quell'università dell'insulto fantasioso che apprendeva dai "ragazzi".

«Comunque, a me la musica di Selim piace, ha ritmo» disse quando si fu calmato.

«Oooh, bravo amicu miu, tu sì che capisci di musica!»

«Ahia, Tomà!» che, detto dal vocione di Aquaman, era proprio buffo. «Allora lo dico a nonna Pro, così ti fa ascoltare Frank Sinatra e siamo a posto!»

Tutti scoppiarono a ridere, e su tutti spiccava Selim con il suo "hi, hi, hi" acuto e irrefrenabile.

Anche Tomà rideva di gusto, per quanto non capisse perché questo Frank Sinatra facesse ridere.

E mentre rideva pensava che con quei ragazzi faceva cose che non avrebbe potuto fare mai con i suoi coetanei. E pensava anche che Elena gli aveva fatto un complimento.

E che evidentemente non aveva tutte queste ragioni per vergognarsi di ciò che faceva.

Fico!

NOVEMBRE

Crescere è uno schifo

«Ciao, Tomà».

«Ciao...»

Tomà si rese conto che stava sorridendo. Per quanto fosse sempre guardingo perché si era abituato a pensare che poteva esserci lo sfottò dietro l'angolo, con Alex era rimasta una sorta di patto non detto: possiamo magari non essere più amici ma niente insulti, offese e scorrettezze. Per questo Tomà si sentiva sempre accogliente verso Alex.

Era la prima prova che facevano per lo spettacolo di fine anno, a due mesi dall'inizio della scuola. Dovevano andare nell'aula di teatro e si stavano mettendo in fila. Voleva dirglielo se si metteva in fila con lui ma esitò, troppe volte non era andata bene.

«Alex, vieni?»

«Sì, arrivo...»

Infatti. Luca lo chiamò e l'altro obbedì come un cagnolino, pensò Tomà indispettito. A volte si chiedeva se Luca si fosse divertito a rubargli l'amico proprio per fargli un dispetto. Altre volte pensava che forse Luca, al di là delle apparenze, doveva essere un po' insicuro se si era fissato a crearsi quell'amicizia con un compagno che conosceva dalla materna piuttosto che legarsi ad altri. Ma tanto non faceva molta differenza per lui, il risultato era lo stesso.

L'aula di teatro era più grande di un'aula normale. Finora, prima della prova generale, avevano studiato i copioni dello spettacolo di fine anno ma non avevano mai "provato". C'erano tanti banchi e sedie accatastati al centro del locale. Un caos strano.

«Ciao, ragazzi, come state? Non siete eccitati per questo spettacolo e per tutte le cose che farete quest'anno?»

«Eeeh! Come no...» ironizzò Giò Giò a bassa voce per suscitare le risatine degli altri.

La signora Lucia era la responsabile della compagnia teatrale che da sempre organizzava gli spettacoli e dava una mano alle maestre. Lei sceglieva le opere e scriveva i testi, lei curava le scene e i costumi e la regia, lei assegnava le parti e risolveva i vari problemi che si presentavano.

«Allora, ragazzi, disponetevi a semicerchio... Ok, bene, così. Se vi state chiedendo cos'è quest'opera d'arte vi spiego subito. È l'isola di Polifemo. Voi avete ricevuto i copioni e li avete studiati, avete visto che lo spettacolo racconta il viaggio di Ulisse e che non ci sarà un solo Ulisse ma più o meno tutti sarete Ulisse. Però oggi dobbiamo provare questa scena perché dobbiamo essere sicuri, cioè dobbiamo accertarci che non ci siano rischi...»

Tomà doveva fare Polifemo e la cosa lo inquietò un po'. La sua montagna era una piramide formata da tre gradoni di sedie, quattro-due-una. E se cadevano? Cosa doveva fare lui, salire là sopra? Da un canto era contento, per quattro anni negli spettacoli di fine anno aveva sempre avuto ruoli marginali, poche battute e nulla più, a volte stava pure dietro le quinte a dare una mano, non ricordava nulla di rilevante, ma quest'anno aveva più battute di tutti, aveva un ruolo in cui era temuto – e questo non gli dispiaceva per niente – e poi il suo Polifemo non moriva come quello vero, quindi meglio ancora. Però quelle sedie...

«Allora, ragazzi, state bene a sentire. All'inizio partiamo con tante sedie sparse, e ognuno di voi sta seduto su una sedia. Nelle scene successive poi prenderete le vostre sedie e le sposterete lungo le pareti, liberando la scena. Tomà, tu devi salire in piedi sull'ultima sedia. Per sicurezza abbiamo pensato con la maestra di mettere quattro compagni a protezione. Allora, Bea e Sara, voi state a fianco della sedia di Tomà e la tenete ferma. Francesco, tu e Aria vi sedete sul primo strato e tenete le sedie di sopra. Voi sarete il gregge di Polifemo, quindi ogni tanto dovete belare...»

«Beeeehe!»

Il verso da pecora che uscì dalla bocca di Ciccio Ricotta sembrava più un rutto strozzato e forse per questo fece ridere tutta la classe, e anche la signora Lucia. Gli era proprio scappato un rutto belante.

«Più o meno così, Francesco, ma evitiamo i rutti durante lo spettacolo... Allora, Tomà, prendi il megafono, tu parlerai qui per rendere più forte la tua voce di ciclope. È acceso, quando ti dico "prova" tu parli... Prendilo».

Tomà era troppo eccitato e confuso all'idea di essere il protagonista della prova, dover usare il megafono, ricordarsi tutte le battute. D'istinto disse «Prova!» e lo urlò pure nel megafono acceso, senza pensarci.

La signora Lucia chiuse gli occhi in una smorfia di fastidio e si portò le mani alle orecchie.

«Ho detto "prendilo" non "prova"! Ok, ce la posso fare» si esortò da sola. «Calma, ce la faremo... se non divento sorda prima della fine dell'anno».

Anche stavolta risata generale. "Le prove sono uno sballo" pensò Tomà, ed era indeciso se essere contento di questa sua gag involontaria o vergognarsi per aver sbagliato.

«Va bene, ragazzi, cerchiamo di chiudere queste prove. Tomà, tu prova a salire in cima, e Addi, tu prendi il kebab gigante con cui dovete addormentare il ciclope».

«Ce l'ho» disse subito Addi con la sua vocina esile. Fece due passi veloci verso la busta su una sedia e tirò fuori un involucro di carta.

«Ma cos'è? Hai portato un kebab vero, Addi?»

«Sì» esitò lui. «L'ha fatto mio cugino, che ha un locale...»

L'espressione di resa della signora Lucia fece ridere di nuovo tutti.

Forse anche lei si divertiva a fare un po' "scena" con le sue espressioni.

«Va bene, mi arrendo, oggi va così...»

«Possiamo mangiarlo?» disse qualcuno.

Tutti si girarono verso Ciccio Ricotta.

«Io non ho detto niente...» fece lui candido.

«Be', a questo punto... Prendete dei piattini di plastica lì nell'armadio. Chi ne vuole?» disse la signora Lucia.

Pochi minuti e sarebbe scattato l'intervallo.

«Giochiamo a *Star Trek*?»

«Uhm, ma lo facevamo l'anno scorso...»

«Appunto, è un po' che non lo facciamo, dai!» insistette Tomà.

«Sì, vabbe'...» acconsentì Iaki.

Era uno dei giochi dell'intervallo che aveva inventato Tomà. L'anno prima lo facevano spesso lui, Iaki, Ciccio e Addi. Prendevano i banchi con le sedie, li disponevano a quadrato e simulavano la plancia di comando dell'*Enterprise*. Lui spesso faceva il capitano Kirk. Inventarsi giochi era il suo antidoto a non restare solo all'intervallo, visto che i più giocavano a calcio con la palla di carta stagnola nel corridoio, o con le figurine dei Pokémon o dei calciatori, e adesso che alcuni avevano il cellulare si guardavano i video delle strabilianti Vittorie Reali su *Fortnite* di Ninja e altri youtuber tipo CiccioGamer.

Gli era sempre piaciuto inventare giochi. Il periodo più glorioso era stato in terza e anche un po' in quarta, quando aveva lanciato il "mosaico colorato", che era diventato la moda di quasi tutta la classe – tranne i soliti insopportabili. Ognuno prendeva un foglio a quadri e colorava a scacchiera, un quadratino bianco e uno colorato, e in base all'abbinamento di colori e alla loro disposizione i risultati erano incredibilmente vari, dall'arcobaleno alle forme geometriche più complicate. Il bello era proprio confrontare tutti i risultati di ciascuno e vedere quanta diversità si otteneva. Spesso l'intervallo non bastava e si completava il giorno dopo, e tutti erano ansiosi di finire il proprio capolavoro. Tomà aveva conservato gelosamente tutti i suoi disegni, e ricordava con orgoglio il fatto che maschi e femmine avessero seguito una moda lanciata da lui. Più le femmine, a dire il vero, soprattutto Bea e Aria. Poi però anche quella moda era passata, alcuni avevano rivendicato varianti tutte loro del gioco formando gruppi a sé, altri si erano stufati. In quarta Tomà aveva provato a rilanciare il gioco e per qualche mese alcuni gli erano venuti dietro. Ma adesso era roba superata. Anche al gioco dell'astronave all'inizio partecipavano alcune femmine, un po' Sara e la solita sua ombra, Bea, ma adesso gli ultimi superstiti erano i soliti quattro...

«Possiamo giocare anche noi?» Per questo la voce e la richiesta di Giò Giò e Dimitri lo misero in allarme. «Facciamo che l'*Enterprise* viene attaccata dai Romulani e poi dobbiamo scappare sulle navicelle di salvataggio?»

«Beeello! Sì, dai dai, facciamolo!» esultò Ciccio. «Come la facciamo la navicella? Con cosa? Eh?»

"No, meglio di no" avrebbe voluto dire Tomà, era sempre un rischio giocare con quei due. Ma Ciccio si era già entusiasmato, Addi e Iaki lo davano per scontato, e lui come faceva a dire di no a cinque?

«*Buuum!* Ah, capitano, ci hanno colpiti degli incrociatori romulani!» Giò Giò era subito entrato nel vivo di una scena da combattimento, gli si era buttato addosso e gli aveva fatto male a una spalla. Era sicuro lo avesse fatto apposta, ma cosa poteva dirgli?

Ciccio era tutto galvanizzato. «Capitano, abbiamo gli scudi al 30%!»

«Sì, dobbiamo abbandonare la nave, capitano!» disse Giò Giò concitato. «C'è una navicella di salvataggio, noi resisteremo fino all'ultimo. Andate!»

Bello, sembrava che tutti stessero recitando il copione del nuovo *Star Trek*, quando il padre del capitano Kirk si sacrifica per salvare la moglie incinta dall'attacco romulano.

«Come la facciamo la navicella?» Ciccio era contentissimo.

«Mettetevi qui». Giò Giò indicò l'angolo della classe dietro di loro, dove le due pareti e un mobiletto formavano una nicchia.

«Vieni, Tomà!» lo chiamò Ciccio quasi tirandolo mentre si acquattava fiducioso.

«Sedetevi a terra... Adesso apriamo lo sportello del mobiletto, così siete chiusi davanti».

«Bello, è proprio una capsula!»

«Facciamo pure il tetto con questa cartella di artistica... così è perfetto!»

Tomà era rannicchiato con le ginocchia al petto, e un forte senso di allarme e disagio. «E adesso?»

«Aspettate...»

Ebbe la netta sensazione di sentire delle risatine strozzate. Provò a spingere con le mani lo sportello del mobiletto, ma da accovacciato non riusciva a fare molta forza, e comunque lo stavano bloccando dall'esterno. Erano chiusi in una specie di loculo tutto buio che gli stava mettendo ansia, e le risatine fuori si ripetevano.

«Che gioco è? Non è divertente» disse Ciccio perplesso.

«Già...» Tomà voleva quasi piangere. «La smettete di bloccare lo sportello?» Aveva capito che il gioco era un altro, il gioco erano lui e Ciccio. Era chiuderli là dentro. Adesso le risatine erano sghignazzi, e le ombre di piedi oltre lo sportello erano tante. Distese le braccia sopra la testa e fece forza, ma trovò una forte opposizione, li stavano bloccando dentro.

«Fateci uscire, basta!» la voce quasi gli si strozzò.

Portò le ginocchia più vicine che poté al petto e poi scalciò verso lo sportello. Anche Ciccio spinse l'anta del mobiletto, e il rumore dei suoi calci fu coperto in parte dal suono della campanella. Quando uscirono era appena entrata la maestra. Nello stordimento dovuto alla paura e l'imbarazzo Tomà notò il ghigno di Giò Giò e Dimitri dal loro banco, e i sorrisi di commiserazione degli altri compagni, almeno così gli parve, perché tutto era confuso e pulsava come nei sogni agitati.

Voleva solo correre a casa e invece aveva ancora sei ore davanti.

«Com'è andata oggi, brontoscaccolo, eh?»

Lo odiava quel "brontoscaccolo", e dopo una giornata come quella tutto gli dava fastidio.

«Bene» disse in automatico.

«Non avevi le prove dello spettacolo?»

«Sì, bene».

«Capisco... Non è serata?»

«No...»

«Non vuoi dirmi com'è andata?»

«E basta!» Tomà sbatté le mani sulla tavola apparecchiata, e la mamma e la nonna sobbalzarono con quella tipica reazione ai suoni improvvisi. «Sempre la stessa cosa mi chiedi, 'Com'è andata? Com'è andata?' Come vuoi che vada, sempre uno schifo! Quando bisogna fare i gruppi per le espressioni di matematica tutti si sbrigano a scegliere il compagno e io rimango sempre solo. Poi mi dicono che sono brutto e mi devo tagliare i capelli... Quando io propongo un gioco dicono che i miei giochi fanno schifo e se invece invento un gioco che piace me lo copiano e se lo fanno fra di loro. Basta! Non ne posso più di tutto, non voglio più andare a scuola!»

Si alzò di scatto e corse via, in preda ai singhiozzi.

Nonna Pro guardò la mamma, seria. «Di nuovo 'sti fitusi...»

Lei aveva gli occhi lucidi. La guardò un attimo, poi lo raggiunse in camera e si sedette a bordo letto.

«Non vuoi proprio dirmi cos'è successo?»

«No... tanto che cambia? ogni giorno ce n'è una...»

Aveva messo assieme tutte le angherie di due anni, aveva fatto un fritto misto di lamentele e un po' gli dispiaceva di aver sbattuto le mani. Non aveva voluto dire che il problema aveva un nome e un cognome.

«Io ce la metto tutta, mamma, ma non me ne va bene una!»

«Ma che dici, cucciolo, sei solo stato sfortunato ad avere dei compagni con cui non ti sei trovato. Devi solo capire cosa vuoi tu, non cosa devi fare per piacere agli altri...»

«Sì, ma tanto è tutto inutile. Sembra che viviamo in due mondi diversi, qualunque cosa faccio, loro sono sempre due passi avanti...»

Ci aveva provato a resistere ma era bastato pensare alla sua sofferenza ed era scoppiato in un pianto inarrestabile. Voleva piangere, solo quello, scaricare tutta la rabbia bagnata che aveva dentro, che lo faceva sentire come se affogasse.

«Non mi piace così, sono stufo di inseguire mode che cambiano ogni sei mesi. Quando in terza lo zio mi ha dato la sua vecchia Wii ero felicissimo, potevo giocare con *Fifa 2015* e *Wii Sports* e mi sentivo fighissimo. Ma nessuno voleva giocare con me perché tutti avevano la PlayStation, come Luca che una volta mi aveva invitato a giocare a *Star Wars Battlefront*, che bello, avevo guidato il bipede imperiale e sparavo agli X-Wings ribelli, e poi avevo fatto Darth Vader e con la Forza facevo volare le persone, e io lo invidiavo perché era un videogioco bellissimo...»

E lì si fermò perché non voleva che la mamma pensasse che era invidioso, non voleva che lei si sentisse in colpa per lui, per i soldi, la PS4, non voleva fare confronti con gli altri genitori, ma ormai stava piangendo, voleva solo sfogarsi per cambiare le cose anche se sapeva che era stupido pensarlo, da bambini, ma voleva piangere e basta.

«E poi son venute le carte dei Pokémon, ti ricordi? Erano tutte colorate, brillanti come l'arcobaleno, c'erano tipo le GX che valevano come un pacco intero, i miei compagni ci facevano anche le battaglie ma io non capivo le regole, e poi quando anch'io le scambiavo nel mucchio mi rifilavano quelle tarocche. Sempre così, quando sono arrivato ad avere tante carte dei Pokémon tutti son passati a quelle dei calciatori, andavano in giro per le classi a scambiarsele per completare l'album. E quando anch'io mi sono comprato l'album è arrivata la moda degli spinner, quelle specie di quadrifogli che giravano fortissimo. Ce li ho ancora sulla scrivania, dopo due mesi tutti se li sono dimenticati... Perché tutto quello che faccio non va bene? Non capisco...»

«Non è che non va bene, è che la gente cambia, Tomà!»

«E io non voglio cambiare! Crescere è uno schifo».

«Ma, cucciolo mio, il cambiamento è la base della vita, ogni creatura deve cambiare per evolvere. Sai cosa diceva Einstein? "La vita è come andare in bicicletta. Per stare in equilibrio devi continuare a muoverti". Non puoi fermarti, Tomà, devi continuare a muoverti e cambiare...»

«Ma le persone cambiano in peggio, diventano cattive, e io non so cosa farci. Quando mi fanno gli scherzi o mi escludono, io non so come reagire, cosa dire...»

«Non cambiano in peggio, Tomà. Cambiano e basta. Non puoi pensare che la soluzione al cambiamento sia restare uguale. Se tu ti aspetti che gli altri ti cerchino e si comportino come due o tre anni fa sbagli. Crescendo si creano simpatie e antipatie, si creano micro gruppi che cambiano continuamente... Non è vero che i bambini sono angioletti, possono essere perfidi, se vedono qualcuno buono, educato, gentile, che non reagisce mai male, alcuni possono accanirsi. A volte certi possono infierire con un compagno per sentirsi sicuri, perché crescere vuol dire soprattutto imparare a sentirsi sicuri di sé. Solo che avviene in tantissimi modi diversi. Luca, ad esempio, sembra un peperino tutto baldanzoso, ma forse aveva bisogno un amico di vecchia data per sentirsi protetto, ecco perché ha usato tutte le armi di seduzione come la Play e i videogiochi per convincere Alex a diventare il suo amico del cuore. E Alex, che è dolce e pacifico, forse come te adora quei giochi e si è lasciato convincere a diventare suo amico per convenienza, e non perché gli sta simpaticissimo. È probabile. Quanto a Giò Giò, be', lui è tra quelli più sviluppati fisicamente e caratterialmente fra voi maschietti, e magari ti vede come un fratellino più piccolo... Sai che alcuni si divertono a torturare i fratellini così si sentono più forti?»

Adorava le spiegazioni della mamma, riusciva a tradurre quello che lui aveva in mente con parole e concetti che lui non sapeva trovare. E soprattutto riusciva a fargli credere che la molla dei comportamenti delle persone non è la cattiveria. Anche se alcuni sembrano cattivi, c'è qualche altra ragione. Quello che lo faceva soffrire di più, però, era la viltà. Tutti, in un modo o nell'altro, prima o poi ci giriamo dall'altra parte. Era stato vile, secondo lui, Alex che aveva tradito il loro patto di amicizia per sentirsi più grande e fico, era diventato l'ombra di Luca andando da lui a giocare con la Play, o a calcio – poi lui lo odiava pure il calcio – piuttosto che continuare a giocare a casa ai Lego con i suoi fratellini... e con lui. Erano vili i suoi compagni tutte le volte che non lo difendevano dalle offese o dagli scherzi come quella mattina. Era vile anche lui, quando vedeva che prendevano in giro Ciccio e non interveniva, come certe volte a mensa quando Giò Giò sfidava Ciccio nella gara a chi si metteva più maccheroni in bocca e poi lo prendeva in giro non appena si riempiva la bocca e non riusciva più a parlare. Lo faceva apposta, e Ciccio ogni volta ci cascava, come quando approfittando di essere nel tavolo in fondo alla sala mensa Giò Giò lo sfidava a impilare i piatti della zuppa, che non piace a nessuno, e gli diceva tanto non se ne accorgono, vai vai, e Tomà avrebbe voluto dirgli Ciccio guarda che si versa la minestra sulla tavola, poi ci sgridano, e ogni volta puntualmente succedeva, la minestra travasava, la tovaglia si bagnava, le signore della mensa se ne accorgevano e sgridavano forte Ciccio che diventava tutto rosso in faccia. Quelle guance innocenti e rosse erano la vergogna di Tomà, che si mescolava alla rabbia per la furbizia di Giò Giò e per lui che non diceva nulla, e questo lo faceva star male, lo faceva sentire come se avesse voltato le spalle a Ciccio. Lo faceva sentire vile. Lui non voleva essere quello piccolo a cui quelli furbi come Giò Giò possono fare di tutto.

«E allora io cosa devo fare?» disse singhiozzando, con un senso di impotenza perché non riusciva a fermare il pianto e quei pensieri.

«Adattarti, amore mio...» lo abbracciò la mamma con gli occhi lucidi. «Adattarti... Lo so che non è facile, ma devi capire: se con alcune persone non hai nulla in comune e ti devi sforzare di essere diverso da quello che sei per creare una finta simpatia, allora lascia perdere, non funzionerà. Invece cerca di capire con altri se hai delle affinità, se ti trovi bene senza fingere di essere un altro. In quel caso allora ci sono le basi per una buona amicizia...»

Tomà avrebbe voluto dirle che quella affinità non l'aveva trovata con nessuno in classe, e che si fa in questi casi? Ma non si può sempre dire tutto. Uno, perché ci sono delle priorità, se ti lamenti di ogni minima cosa allora come fai a chiarirti un problema? Tutto diventa un problema. E due... non lo ricordava più, ma quello doveva essere un Pensiero Importante che aveva trovato per caso: se ti lamenti di tutto, tutto diventa un problema. Ma trovare la soluzione gli sembrava un labirinto. Quel pensiero aveva avuto però il potere di calmarlo.

«E quindi?» si inserì la mamma.

«Quindi cosa?»

«Oggi hai avuto tutti questi problemi o uno solo?»

«No... oggi all'intervallo stavamo giocando all'astronave, io, Iaki, Ciccio e Addi... poi è arrivato Giò Giò che ha fatto finta di voler giocare con noi, di volerci mettere in una navicella di salvataggio, e invece era uno scherzo e ci ha chiusi in un angolo fra il muro e un mobiletto. Tutti ridevano di noi, io l'avevo capito che c'era qualcosa di strano ma Ciccio era contentissimo all'inizio, lui non arriva a capire queste cattiverie, è troppo buono...»

Tomà sentì montargli le lacrime come quando ti arriva l'attacco di vomito e non puoi fermarti.

«Soffri per te... o più per Ciccio?»

Già, cos'è che lo faceva stare così male? Ci pensò senza esitazioni.

«Per Ciccio... anzi no, per me che non ho saputo difenderlo. A me dispiace tantissimo quando lo vedo solo all'intervallo, allora vado a fargli compagnia... Mi ricordo che una volta l'anno scorso dei ragazzi di quinta lo avevano preso in giro, e io gli avevo detto di smetterla, non so come mi era venuto il coraggio! Loro avevano smesso ma poi si erano messi a prendere in giro me».

«Ed è per questo che io ti ammiro, tesoro mio. Chi sfida dei ragazzi di quinta per difendere un compagno? Chi si dispiace più per il compagno che per sé? Una persona buona, e tu lo sei, Tomà, lo sei sempre stato. Quando eri piccolo e andavamo ai giardinetti le mamme ti chiamavano "il babysitter", a sei anni eri l'unico che si prendeva cura di quelli più piccoli, li facevi giocare, avevi la pazienza di tirargli la palla con delicatezza, oppure notavi se c'erano bambini isolati o timidi e avevi una calamita per loro, mentre invece i tuoi coetanei pensavano solo a inseguire un pallone. Sei sempre stato così, attento, sensibile, altruista, gentile. Devi essere orgoglioso della tua natura. E quando uno riconosce com'è, allora può fare della sua natura un valore. Capisci?»

Sì, capiva, la mamma non faceva mai ragionamenti difficili, era come se mettesse ordine nelle cose confuse della sua vita, e una volta messe in ordine tutto sembrava avere un senso.

«Ah, ah, ah... no, scusa...»

«Cosa?» Perché la mamma all'improvviso aveva riso?

«No scusa, Tomà, è che sarà pure perfido il tuo compagno Giò Giò, ma devi ammettere che Ciccio Ricotta è proprio un bel soprannome. Fa ridere».

«Uhm... ih, ih, ih!» A Tomà scappò una risatina. Perché era vero che nessuno doveva prenderlo in giro, però Ciccio era buffo quando si riempiva la bocca di maccheroni fino a scoppiare, o quando pensava di poter impilare i piatti di minestra senza farla travasare, o quando mangiava durante la lezione e se la maestra gli chiedeva «Ciccio, ma stai mangiando?», lui si infilava tutto il panino in bocca e faceva finta di niente, con la guancia gonfia, convinto che nessuno se ne accorgesse. Viveva nel suo mondo, Ciccio.

«Ciccio Ricotta... mi fa venire in mente le storie di Bertoldo, Bertoldino e Cacasenno... Potrei inventarci una storia. Fammici pensare...»

Da che Tomà aveva memoria la mamma gli aveva sempre raccontato non storie di mondi inventati, tipo *Biancaneve,* o *Il gatto con gli stivali,* o *Pollicino,* ma storie di persone vere che avevano fatto qualcosa di speciale nel mondo. Storie di eroi che nessuno conosceva... ed erano quelli che più piacevano a Tomà. Non sapeva come, dove e nemmeno perché, ma la mamma era bravissima a scovare sui giornali o sui siti stranieri vicende umane incredibili, belle in un modo diverso da ogni favola.

A Tomà piacevano quelle storie perché gli facevano capire che il mondo è pieno di Clark Kent e Peter Parker capaci di salvare le persone senza che nessuno lo sappia. Gli eroi sono timidi, impacciati, quelli che nessuno considera ma che sanno trovare soluzioni geniali ai problemi della gente. Come Michael Gillespie. La sua era la storia preferita e che meglio ricordava fra quelle raccontate dalla mamma. Era sempre stato magro, con i vestiti che gli stavano larghi e povero. Per questo al liceo era lo sfigato, il nerd, quello che nella foto di classe nemmeno ti ricordi. La sua passione era l'informatica, i computer, l'elettronica. Aveva cominciato a giocare alla Super Nintendo usata che gli aveva dato lo zio, mentre dal nonno materno poliziotto aveva assorbito l'istinto a difendere e proteggere la gente – come lui, che aveva la Wii usata dello zio e il papà pompiere! Già al liceo Michael aveva mostrato le sue qualità, perché aveva scoperto che il sito della scuola era vulnerabile agli attacchi ed erano a rischio le password degli studenti e i loro dati, e lui, che già era uno smanettone e lavorava in un negozio come tecnico di computer, su richiesta del preside aveva risolto la falla.

Il suo problema erano i soldi, non ne aveva, e per questo dovette rinunciare all'università. Nel negozio di riparazioni di computer in cui lavorava un giorno arrivò una persona che aveva perso tutti i dati a causa di un ransomware, quei virus fetenti che ti entrano nel computer, criptano tutti i tuoi file e se li vuoi recuperare devi pagare. È così che si arricchiscono gli hacker, i pirati informatici, perché se a essere colpita è un'azienda, un ospedale, una banca, oltre che un privato, e i file rovinati non sono le foto della vacanza ma cartelle cliniche, conti bancari, documenti riservati della polizia, allora riaverli indietro puliti diventa fondamentale. E come fai? O paghi il ricatto dei cattivi o sei in grado di avere un programma che trova la "chiave" per decrittare i file e sconfiggere il virus. Ecco, quella era la missione di Michael, lo aveva capito, come Peter Parker aveva capito che un grande potere comporta grandi responsabilità, e voleva metterlo al servizio delle persone. Che fosse al computer dell'ufficio o a quello della sua modesta casetta comprata con la fidanzata di sempre, l'unico amore della sua vita, lui passava il tempo a creare antidoti contro questi veleni informatici. Aveva cominciato a collaborare con un sito indipendente che offriva servizi antivirus, aveva conosciuto altri come lui, aveva pure creato un suo sito in cui chiunque, da qualunque parte del mondo, poteva ottenere la giusta informazione sul virus che aveva colpito il suo computer e scaricare gratuitamente l'antidoto.

Questo era l'aspetto più bello della vita di Michael Gillespie: non si faceva pagare un centesimo per i suoi servizi, le persone che aiutava erano vittime di un crimine, come potevi chiedere a una mamma che aveva perso le foto del figlio veterano di pagare per riaverle? Però potevi chiedere alle banche, alla polizia e alla stessa FBI che si rivolgeva a lui per individuare e neutralizzare degli hacker... Glielo dicevano i suoi parenti, fatti pagare, avrebbe potuto guadagnare milioni, lavorare per le grandi aziende di antivirus, ma lui non voleva, non inseguiva i soldi ma gli ideali, forse era ingenuo, forse il mondo non si distingue in buoni e cattivi, ma per lui le sfumature non esistevano, se fai il bene fai il bene, se ami ami. Non esiste il "sì, però". Però i soldi non bastavano, e così Michael doveva fare un secondo lavoro, consegnare i giornali la notte, dopo aver passato la giornata al computer a trovare "chiavi" per scardinare i virus dall'interno.

Finché a ventisette anni Michael si è ammalato, ha scoperto che aveva un tumore, e si è reso conto che i soldi contano, soprattutto in America dove se non hai soldi non ti danno cure appropriate. Lui si opera, il tumore è in remissione, ma è pieno di debiti. E alla banca non frega niente se hai fatto risparmiare milioni di dollari ad aziende, istituzioni e banche stesse contro i pirati informatici. Vuole i suoi soldi, se non puoi pagare le rate del prestito che hai fatto per curarti si prende la tua auto, e casomai la casa.

Michael e la moglie per risparmiare pagano le bollette un mese sì e uno no, ma non basta. Rischiano di finire in mezzo a una strada, senza nemmeno quella casetta tipo bungalow a due piani che si erano comprati. Fatti pagare, gli dicono ancora tutti, parenti e amici, ma Michael non ne vuol sapere, il suo aiuto non si paga, altrimenti che aiuto è? È business.

Allora i suoi amici cacciatori di virus si sono mossi. Anche se erano in pochi a sapere cosa aveva fatto per milioni di persone, non potevano lasciare che finisse rovinato. Hanno cominciato a mandare contributi, l'azienda di antivirus per cui lavorava un suo amico lo ha assunto part-time, e con aiuti vari Michael e la moglie sono riusciti a ripagare i debiti con la banca. E lui ha ripreso a creare antidoti contro i virus, perché finché la gente e le aziende non imparano a proteggersi ci vuole qualcuno che lo faccia. Come Peter Parker, il ragazzo timido, imbranato, che nessuno sospetta sia Spider-Man. Così è Michael Gillespie, con gli occhiali fuori moda, un moccio in testa al posto dei capelli e la faccia da topo. L'eroe dell'Illinois che nessuno conosce.

Questi sono gli eroi e le loro storie che Tomà adora...

«Eccola, l'ho trovata!»

«Che cosa?»

«La storia di Ciccio Ricotta...» La mamma guardò in aria come se componesse i pezzi di un puzzle. «Sì, ci sono, la vuoi sentire?»

«Umh, sì, dai...»

La mamma prese un'aria seria, cominciò a raccontare con tono solenne, tipo questa è una storia di altri tempi, e *bla bla bla...*

Tanto tempo fa, ai tempi dei cavalieri, dei re e delle regine, in un villaggio sperduto viveva un ragazzino un po' ciccione e dai capelli ricci. Tutti lo chiamavano "Ciccio Ricotta" perché aveva un pancione tondo tondo e adorava la ricotta. Ciccio Ricotta non aveva fratelli né sorelle, e nemmeno i genitori, viveva da solo con le sue amate pecore e uno zio che puzzava più delle pecore.

Purtroppo Ciccio Ricotta non aveva amici, perché i bambini della sua età lo prendevano in giro. La figlia dell'orafo gli diceva: «Il mio papà fa dei gioielli bellissimi, degni delle regine, e ogni tanto me ne regala uno, così mi sento una principessa, e non puzzo come le tue pecore!».

Invece il figlio del fabbro si vantava: «Il mio papà sa forgiare delle spade durissime, e con una di quelle io diventerò un cavaliere con tanti muscoli, non come te che sei un ciccione». Il figlio del pasticciere lo canzonava con questa rima: «Ciccio Ricotta mangia la panna e lascia la torta», perché sin da piccolo aveva sempre preferito il latte e la ricotta ai dolci di tutti i tipi.

Anche se nessuno giocava con lui, Ciccio Ricotta non era triste, perché se ne andava in campagna a cercare erbe aromatiche con cui preparava la sua ricotta, tanti tipi di ricotta, ognuno speciale. E questa ricotta, a dire il vero, era buonissima, ma erano in pochi a saperlo, qualche contadino del villaggio e qualche mercante che passava di lì, ai quali Ciccio Ricotta la vendeva e così manteneva se stesso e lo zio puzzone.

Ma quelli erano tempi crudeli, tempi di guerre e di fame, di guerrieri che rubavano e uccidevano. Così un giorno, nel regno doveva viveva Ciccio Ricotta, arrivò un re con un esercito di soldati feroci con elmi dalle lunghe corna. Il fabbro col suo figliolo e gli altri giovani forzuti presero le spade e andarono a combattere i barbari cornuti, ma furono sconfitti.

Allora il re crudele disse agli abitanti del villaggio: «Se mi offrirete in dono qualcosa di veramente prezioso, io risparmierò voi e le vostre case».

Per primo si offrì l'orafo. Si sa che i re sono sensibili all'oro e ai gioielli. Quindi l'orafo preparò una corona piena di pietre preziose con tutto l'oro che aveva.

«Meravigliosa!» esclamò il re con gli occhi spalancati. «Non ne ho mai vista una più bella in vita mia!»

"Allora siamo salvi" pensarono gli abitanti del villaggio.

«Ma non mi basta!» disse ridendo il re, che era malvagio e bugiardo.

«Oh, poveri noi» mormorarono gli abitanti del villaggio. «E adesso cosa possiamo dargli?»

Il pasticciere preparò torte e dolci per tutto l'esercito di guerrieri con le corna, che si rimpinzarono fino a scoppiare.

Ma subito dopo il re crudele disse: «Non mi basta!».

A quel punto gli abitanti del villaggio erano disperati: se la spada non lo aveva vinto, e l'oro e i dolci non lo avevano convinto, come potevano impedire che il re dei barbari distruggesse il villaggio?

Un giorno, mentre il re si aggirava in campagna vide Ciccio Ricotta che preparava la sua ricotta, e pretese di assaggiarla. Era così buona che il re quasi si commosse perché gli ricordò quando anche lui era bambino e pascolava le greggi col suo papà pastore.

«Incredibile, una ricotta così non l'ho mai mangiata. Dimmi qual è l'ingrediente segreto e io risparmierò il villaggio!»

Ciccio Ricotta non era affatto convinto di rivelare la sua ricetta segreta, ma gli abitanti del villaggio lo circondarono supplicandolo: «Ti prego, Ciccio Ricotta, noi non vogliamo morire, svelagli il tuo segreto così il re malvagio andrà via e tu potrai continuare a fare la tua ricotta!».

"In effetti hanno ragione" pensò Ciccio Ricotta. E così preparò una grande forma di ricotta e spiegò al re che il sapore speciale derivava dall'erba che mangiavano le pecore e da un miscuglio di spezie.

Il re si saziò, si commosse fino alle lacrime, ma dopo disse: «Non mi basta!».

A quel punto sembrava che non ci fossero più speranze per il villaggio, e contro quel re così malvagio. Tutti piangevano disperati, quando Ciccio Ricotta disse: «Grande re, se proprio devi distruggere il nostro villaggio, e se davvero ti è piaciuta così tanto la mia ricotta, lascia allora che ne prepari per tutti i tuoi soldati, così se la ricorderanno».

Il re restò meravigliato da tanta generosità, ma era talmente goloso di quella ricotta speciale che accettò. Ciccio Ricotta lavorò tutta la notte, e poi il giorno e la notte seguente per preparare cesti di ricotta per centinaia di soldati. E in ognuno aggiungeva il suo ingrediente segreto. Tutti i barbari e il re mangiarono avidamente, ma appena ebbero finito cominciarono a sentire un mal di pancia così forte da piegarsi in due. Guerrieri grandi e grossi che piangevano come bambini per il dolore. Nessun medico dei barbari trovò un rimedio, perché Ciccio Ricotta conosceva tutte le erbe della campagna, e ne aveva utilizzata una velenosissima che solo lui sapeva come curare.

Vedendo che tutti i barbari erano deboli e piegati dal mal di pancia, gli abitanti del villaggio e anche dei villaggi vicini tolsero loro le spade e gli scudi e li cacciarono con delle sonore bastonate.

Fu così che Ciccio Ricotta fu festeggiato come un salvatore. La figlia dell'orafo, cresciuta un po', volle sposarlo e suo padre lo ricoprì d'oro. Gli abitanti lo elessero capo del villaggio, e quel villaggio divenne famoso e ricco vendendo la buonissima ricotta di Ciccio Ricotta.

«Allora, ti è piaciuta?»

Piaciuta... Tomà non sapeva dirlo, ma mentre ci pensava cominciò a sorridere perché nella sua mente prendevano corpo le immagini come di un cartone animato della storia appena raccontata. Il figlio del fabbro aveva le fattezze di Giò Giò, la figlia del gioielliere quelle di Sofi. E Ciccio Ricotta con lo zio puzzone, e la pancia gonfia... Il sorriso si trasformò in risatina, più che la storia dei barbari cornuti gli piaceva ridicolizzare quelli che lo facevano soffrire. Pensò alle flatulenze dei barbari, e le risatine si moltiplicarono, pensò che i nonni di Luca avevano una pasticceria in centro e che le coincidenze erano evidenti, la mamma l'aveva pensata per lui, non per Ciccio.

Scosso dalle risate, guardava gli occhi gonfi di dolcezza della mamma e pensava che forse quella era una forma di felicità: sapere che anche quando tutto va storto c'è sempre lo sguardo orgoglioso della mamma che ti dà pace, ti fa sorridere, e ti riempie.

La felicità, a volte, non ti toglie il fiato come se fossi in cima al mondo, ma è il calore di un abbraccio, e non ti serve altro.

DICEMBRE

Fortnite è un posto bellissimo

«Mamma, posso invitare la mia compagna Elena a casa nostra?»

In mezzo al caos di voci urlanti, di auto e clacson, di traiettorie di corpi che si intrecciavano, la mamma rimase paralizzata con un sorriso a bocca aperta per un interminabile secondo, due, tre...

«Sì, certo, ma adesso? Non ho capito...»

«Sì, possiamo? possiamo?»

La mamma guardò Elena e, dietro di lei, la tata filippina. Sorrise imbarazzata.

«Volentieri, ma la tua mamma lo sa?»

«Sì sì, gliel'ho detto, ma lei non aveva il suo numero e non ha potuto avvertirla».

"È un peperino questa Elena" pensò la mamma guardandola.

«Se per lei va bene mi può accompagnare la tata, così vede dove abitate e mi può venire a riprendere. E poi se mi dà il suo numero la mamma la chiama...»

«Ah, avete già organizzato tutto... allora andiamo!»

Tomà era raggiante, e i suoi occhi buoni e increduli erano rivolti proprio a lei, e le dicevano: "Non ci credo, una compagna si è autoinvitata a casa mia, per giocare con me!".

Alla mamma piacque da subito quella ragazzina dalla lingua sciolta, anche se le aveva organizzato il pomeriggio a casa sua, e si sorprese a pensare che con tanta spigliatezza avrebbe fatto bene a Tomà.

«No, ma hai *Just Dance*?!? Bellissimo! Ci giochiamo, dai?»

Elena aveva subito scorto la pila di custodie di CD sopra la Wii di fianco al televisore del soggiorno.

«È un po' che non uso la Wii. Ci giocavo a *Fifa 2015*, a tennis, *Just Dance* l'ho fatto qualche volta con la mia cuginetta...»

«Ma come te la cavi a ballare?»

«Ehm, veramente sono un po'... cioè non sono molto... sciolto».

«Ti insegno io. Io mi alleno sempre con mia sorella più grande. È divertentissimo».

«Ah, ok, come vuoi».

La mamma stava portando in camera i giubbotti e gli zaini e si scambiò un'occhiata tenera con nonna Pro sulla soglia della cucina, mentre Tomà armeggiava col televisore e i joystick della Wii.

«Fico, hai anche *Just Dance 2018*! Perfetto! Allora, ti spiego, ci sono tanti tipi di balli, alcuni sono per le coppie con gli stessi movimenti, oppure ci sono quelli con un ballerino singolo che però si può imitare in due o tre, quelli che vuoi...»

«Sì, lo so, lo so». Tomà sembrava quasi vergognarsi di interromperla, ma non voleva passare per quello che non sa niente.

«Ok, allora, ti consigliooo... questo, ci sono vari stili, ma è abbastanza semplice. Questo, *The Way I Are*...»

«Scusate, bimbi, volete fare merenda adesso?» si affacciò la mamma dalla cucina.

«Ehm, non so, tu cosa vuoi?» Tomà era così impacciato da sembrare lui l'ospite.

«Mmh, magari dopo, signora, grazie».

«Come volete... Divertitevi».

Li salutò con un sorriso circolare, e mentre faceva dietrofront verso la cucina incrociò lo sguardo malizioso della nonna che le sussurrò: «Questa se lo mangia!».

«Andiamo, nonna...»

«Allora, in questa canzone ci sono tre stili diversi, comincia moderno, poi è tipo cinese e poi tipo western. Comincio io, tu seguimi».

La musica partì:

I'm sorry, I'm not the most pretty
I'll never ever sing like Whitney.

Ma Tomà si bloccò. Elena muoveva i fianchi con una scioltezza che lo imbarazzava, disegnava semicerchi col braccio e poi gli puntava il dito, sembrava una delle ballerine dei videoclip, era troppo brava e lui non riusciva nemmeno a immaginare di muoversi.

«Dai, tocca a te».

«Ma non son capace...»

«Nemmeno io lo ero all'inizio, sciogliti, lasciati andare... Segui me, braccia avanti tipo nuoto a rana, alza la gamba, avvicinati e nuota, fallo due volte, ok punta il dito, saltelli indietro tu... poi indietro io».

I just wanna dance with somebody
It could be anybody.

«Su e giù con le braccia e ruota la gamba, dall'altro lato...»

Tell me, are you that somebody?
Don't matter who you are,
Just love me the way I are.

«Adesso incrociamoci... nooo, ma sei legatissimo!»

Elena scoppiò a ridere. Ballava con ritmo e serietà ma la rigidità di Tomà si era rivelata così buffa da risultare alla fine più divertente del ballo.

Anche lui scoppiò a ridere. E gli si stava rivelando una sensazione che non provava da una vita, o forse non aveva mai provato: non gli importava nulla della sua goffaggine. Era come un senso di libertà? Di leggerezza? Era questo che voleva dire sentirsi a proprio agio con una persona? Sapeva solo che di Elena poteva fidarsi, lo sapeva e basta, e quando puoi fidarti davvero di una persona non ti vergogni affatto a mostrarti per quello che sei. E puoi liberare tutta la tua energia.

«Ma sembri un robot, Tomà...»

Elena rideva con dei sussulti che la fecero piegare, era una risata così contagiosa la sua, che Tomà si sentì trascinare dalla voglia di fare lo stupidotto.

«Sì, lo so, ma chissenefrega!»

E mentre sghignazzava capì che è bellissimo prendersi in giro senza preoccuparsi che quello che fai o dici possa essere usato contro di te.

Così prese a muovere il collo avanti e indietro, e poi a fare movimenti circolari con la testa, questo gli riusciva, e a muovere le braccia a novanta gradi come una marionetta.

Elena iniziò a imitarlo, aggiungendo una variante, spostarsi lateralmente muovendo i piedi a tergicristallo.

Quando si trovarono uno di fianco all'altro, Elena ebbe un guizzo, gli girò le spalle e Tomà la imitò guardando dietro con la coda dell'occhio; lei sollevò le braccia a novanta gradi con i palmi aperti rivolti verso le tempie e mosse la testa di lato, Tomà idem; tornarono uno di fianco all'altro ed Elena incurvò il busto verso destra come un'onda morbida, Tomà fece altrettanto a sinistra come una diagonale sbilenca; poi con saltelli laterali si incrociarono scambiandosi di posto.

Tell me, are you that somebody?

Don't matter who you are,

Just love me the way I are.

«Tomà, ma hai visto? Siamo perfettamente sincronizzati con la musica... Ci siamo ricollegati al ritornello, che fico! Abbiamo inventato una nuova coreografia!»

«*Taaac!* Possiamo andare da *Amici*! O a *Italia's Got Talent*!»

«Eh sì, prima ti devi sciogliere un po', ciccio, perché sei giusto un po' rigidino...»

«Ciao, sono Ciccio rigido» disse Tomà con voce in falsetto. «Vuoi giocare con meee?» e imitò un bambolotto inquietante.

Mentre la canzone scemava le loro risate acute riempirono il soggiorno.

Sulla soglia della cucina la mamma e nonna Pro li guardavano con tenerezza sorniona.

«Questa non solo se lo mangia, ma si pulisce pure i denti...» commentò a bassa voce la nonna.

«Come dici tu, nonna, ma hai visto come ride felice?»

I bambini si voltarono senza interrompere le risate. Tomà non era abituato a controllare l'espressione della gioia, e per un attimo alla mamma sembrò quasi che si vergognasse della sua euforia. A Tomà invece sembrò che la mamma avesse gli occhi quasi lucidi, o forse era lui ad averli lucidi per il troppo ridere.

«Bimbi, che dite, la volete la merenda?»

«Sìììììì!»

Fu un pomeriggio memorabile per Tomà, e mentre lo viveva sapeva già che si stava trasformando nei ricordi più preziosi, quelli che vorresti rivivere e rivedere, rivedere come un bel film, perché sono perfetti in tutto. Elena parlava, e parlava, e la mamma e la nonna la guardavano con dei sorrisi a festa. Diceva che si erano trasferiti su al Nord perché il papà lavorava nell'industria del petrolio e c'era un giacimento o delle trivellazioni da qualche parte che lui doveva dirigere. Non erano male i compagni e la scuola, anche se un po' le mancavano il sole e l'aria di mare della capitale. E i suoi nonni. Per lei non era stata una tragedia cambiare città, ma per sua sorella Elisa di dodici anni che aveva il moroso giù un po' sì, aveva fatto tante storie. Ogni tanto Tomà guardava sottecchi mamma e nonna sempre sorridenti, e non capiva se quei sorrisi erano per lei che era così spigliata, o per lui che era contento, o per loro che erano contente che lui fosse contento. O tutto assieme.

«Mi piace molto questa tua compagna, Tomà» gli disse a cena la mamma. «Scusa la curiosità, com'è che sei riuscito a organizzare?»

«No, ha fatto tutto lei...»

«Ah, si è invitata da sola?»

Tomà rimase in silenzio, incerto se il commento della mamma fosse stupito o vi fosse una traccia di delusione perché si aspettava avesse organizzato lui.

«Brava! Vedi che se le cose le vuoi, te le devi andare a prendere?»

Sì, la mamma aveva ragione, e se ripensava a come erano andate le cose si rendeva conto che lui non avrebbe mai potuto avere la stessa spontaneità e disinvoltura di Elena. Mai.

Verso la tarda mattinata lei gli aveva chiesto: «Cosa fai pomeriggio?».

Panico. Cosa poteva dirle? che non faceva niente?

«Ehm... boh... gioco a *Fortnite*, studio...»

«Fico. E sei da solo?»

«Ehm... no, be'... cioè... sì».

«Allora posso venire anch'io? Non ho niente da fare!»

No, proprio non sarebbe riuscito a essere come Elena. Perché a lui una semplice domanda tipo "Cosa fai pomeriggio?" lo aveva mandato nel panico, perché non era "solo" quella domanda ma ne implicava una catena dietro – sei da solo? quindi non ti invita nessuno? quindi sei uno sfigato? Mentre per Elena voleva dire solo cosa fai nel pomeriggio. Per lui era stata una tortura ammettere che sì, era da solo. Lei aveva detto con una semplicità fantastica che non aveva niente da fare.

Quindi lui non sarebbe mai stato bravo come lei a dire e a prendersi quello che voleva. Ma non gliene importava nulla! Perché contava zero il fatto che lui aveva dovuto ammettere che era solo e le sue paure di essere giudicato. Contava solo il fatto che lei si era autoinvitata. Punto! Non contava niente il suo imbarazzo per la Wii perché era abituato con Luca e Giò Giò e quelli come loro che la consideravano roba da sfigati, e se non avevi la PS4 e se non eri un pro player a *Fortnite* non valevi niente. Contava solo che per lei ballare con *Just Dance* era uno sballo. E infine non contava niente la sua vergogna perché era una schiappa a ballare. Contava solo il fatto che in fondo anche se balli come un robot puoi divertirti, piegarti in due dalle risate e inventare anche una nuova coreografia. Punto e basta!

Per la prima volta nella sua vita stava scoprendo che per ogni pensiero distruttivo, di quelli che ti avvelenano le notti e i giorni, e ti ricordano solo quello che non hai, non sei, non puoi, ce n'è un altro opposto che ti dona una specie di nuova vista e ti fa vedere... tutto – tutto quello che *puoi fare* con ciò che hai, quello che *puoi avere* se hai il coraggio di prendertelo, e quello che *puoi essere* se riesci a guardare oltre.

Quella notte, prima di addormentarsi, ripensò alle risate, agli sguardi rubati alla mamma per vedere se era contenta per lui, agli occhi lucidi. Capì cos'era il pensiero di prima, che la felicità "è tutto insieme", non c'è mio o tuo, non c'è dare o ricevere, avere o non avere. Quando ridi con un altro, con tutto il cuore e la fiducia, non sei tu e lui, ma siete tutto insieme. È semplice, è tutto qui. E non c'è altro da dire.

Elena tornò altri pomeriggi, lo invitò anche a casa sua, ma diceva che da lui si divertiva di più, non c'era sua sorella che le rompeva le scatole.

Una mattina alla ricreazione raccontò a Bea, Sara e Aria la Rossa che con Tomà inventavano nuove coreografie a *Just Dance* e che si divertivano un sacco perché erano buffe, sconclusionate, ma il bello era proprio di improvvisare al momento varianti più facili e di cercare di capirsi al volo. Si unì Lara, incuriosita, e chiese a Elena di farle vedere qualche passo, così davanti a Tomà e le altre, come se nulla fosse, Elena mimò una coreografia e Lara la imitò con estrema precisione subito dopo, senza sbagliare.

«Bravo, Tomà, è semplice ma bella!» si complimentò Lara con la sua solita voce posata e tranquilla. Erano queste le sue caratteristiche. Per quel poco che la conosceva Lara gli era sempre sembrata quella dai maglioni eleganti e gli orecchini, le trecce e una certa serietà che non perdeva mai, per questo Tomà si stupì di scoprire che adorava il ballo ed era flessuosa come Elena e non si vergognava a ballare davanti agli altri.

Mentre la guardava dicendole grazie, notò che dietro di lei Giò Giò lo stava fissando, seduto sul banco mentre parlava con altri. Lo vide saltar giù e avvicinarsi con un sorrisetto perfido, quello che lui odiava e temeva di più.

«Uuuh, Tomà, ma sei diventato un ballerino? Non ce la fai a giocare a *Fortnite* e sei tornato a *Just Dance*? Con le femmine?»

Mentre il cuore sembrò fermarsi, Tomà si sentì dire con fermezza: «Tutta invidia la tua...».

Era stato lui? Da dove gli era venuta quella risposta? Appena pronunciata si stupì del suo sangue freddo, della sua lucidità e del fatto che per una volta non era andato nel panico che lo paralizzava e lo faceva restare sempre zitto di fronte agli insulti. E provò anche un pizzico di soddisfazione quando si accorse che le compagne stavano sorridendo.

Il sorriso di Giò Giò invece gli morì in bocca e il suo sguardo divenne risentito e di sfida.

«Stronzo» mormorò a denti stretti. Poi si girò e se ne andò dicendo qualcosa a Dimitri e Tomà deglutì freddo, perché sapeva che doveva aspettarsi una reazione, Giò Giò non avrebbe accettato una risposta del genere.

«È geloso!» gli mormorò all'orecchio Elena. «Perché gli piace Lara!»

«Ma non è vero!» protestò lei.

«Sì, dai, che quando ti guarda ha gli occhi a cuoricino...»

Faceva ridere sentirlo dire da Bea, con la sua vocina sottile, nasale, i suoi venti centimetri almeno con cui distaccava gli altri e un sorriso con gli occhi incurvati in basso come un emoticon. Ed è per questo che tutti risero, anche Lara.

Quel pomeriggio Elena era di nuovo a casa di Tomà e il discorso cadde su *Fortnite*.

«Ma perché voi maschi giocate tutti a *Fortnite*? Sembra che esista solo quello! Cos'ha di speciale?»

«Eeeh... perché... è bello...»

«Ah be', adesso sì che è tutto chiaro!»

Tomà arrossì per la sua imbranataggine.

«Sì, scusa, volevo dire... praticamente sei in un mondo spopolato, dopo una catastrofe, robe così. E ci sono tanti giocatori che da soli o a squadre si combattono. Tu atterri con un piccone e con questo spacchi tutto, pavimenti, alberi, rocce, vai dentro le case e trovi casse nascoste con dentro varie armi, e tu prendi le migliori per uccidere i nemici. Un'altra cosa bella è che in lontananza c'è una tempesta, no? e tu praticamente devi stare all'interno di un cerchio che si chiama Safe, che però si restringe piano piano perché la tempesta avanza, e se tu esci fuori dal cerchio c'è una specie di veleno, di gas che ti uccide. In pratica vince chi resta per ultimo...»

Tomà tacque qualche secondo.

«Vuoi giocare? Cioè, vuoi vedere com'è?» le propose poi.

«Sì, dai, fico!»

L'entusiasmo di Elena era sempre contagioso, ed era per questo che Tomà si sentiva a suo agio. Ci volle un po' per collegare il PC portatile della mamma alla TV in soggiorno, e poi collegare il joystick e far caricare il programma. Loro erano accovacciati a terra, fianco a fianco, incollati allo schermo. Quando iniziò la partita e apparve l'autobus legato a una mongolfiera che scendeva...

«Beeello!» Elena si lasciò sfuggire.

«Sì, figo l'autobus, vero?»

«Sì, ma io intendevo l'isola. Che bella! Bei colori, bella luce, e quanti posti diversi!»

«Sì, bella, tranne quando poi ti uccidono!»

«Perché?»

«Eh, perché perdi...»

«Ah già... ma tanto mica ti uccidono davvero. Che ti frega, intanto ti godi il paesaggio! Tu puoi atterrare dove vuoi?»

«Sì...»

«Forte. Allora vai in quel... in basso a destra nella mappa, come si chiama? Pal-me-to Pa-ra-di-si-aco...»

Tomà l'accontentò, si lanciò con il paracadute dall'autobus mentre si chiedeva se era il caso di correggere Elena: come che ti frega se ti uccidono? Il gioco è non farsi uccidere e uccidere gli altri, non godersi il paesaggio!

«Beeello! Ma è una città nel deserto! Quel palazzo cos'è, un hotel di lusso? Guarda, lì c'è una piscina. E quei picchi di rocce rosse sembrano il Grand Canyon!»

La partita andò avanti tutta così, fra un "Beeello" e un "Cos'è quello?" Tomà notò che aveva incrociato pochissimi avversari, il che gli sembrò strano, e quando ne vedeva in lontananza qualcuno preferiva non ingaggiare e dileguarsi fra prati, laghi e colline. Notò anche che c'era un gusto particolare nell'esplorare luoghi già noti assieme a Elena, si lasciava contagiare dal suo entusiasmo e notava cose a cui prima non aveva mai dato importanza, non perché non le vedesse, ma perché badava ad altro. Ad esempio quando arrivò a Laboratorio della Latrina, che per lui era un complesso industriale pieno di insidie, capannoni e camion abbandonati, lei vide la grande statua di un gabinetto e scoppiò a ridere, così, senza fermarsi, diceva: «Ma è un gabinetto. Non ha senso!» e rideva.

Tomà all'inizio si sentì un po' stupido, poi prese a sorridere, «Stupido cesso» disse imitando Homer Simpson, gli venne così, senza pensarci, adorava i *Simpson* e imitava Homer ogni volta che voleva sottrarsi all'imbarazzo con l'ironia. Ma lo faceva solo in casa, perché vedeva quel cartone con mamma e nonna e loro conoscevano il senso delle sue imitazioni, non si sarebbe mai sognato di farlo a scuola perché o non l'avrebbero capito o lo avrebbero preso per sfigato. E invece fu come buttare benzina sul fuoco, la risata di Elena ebbe una fiammata acuta e Tomà gongolò, anche se non sapeva se dipendeva dalla sua imitazione, dal fatto che lei conoscesse i *Simpson*, o dalla parola "cesso".

Poco dopo arrivò a Corso Commercio, ed Elena disse: «Ma sembra un paesino americano!», e in effetti lo era, con le auto tipo americane parcheggiate, il ristorante Pizza Pit, il negozio di Halloween, il campo di basket, lo era e lui lo sapeva, solo che non ci aveva mai dato peso, per lui era solo un posto dove trovare armi e le pozioni che aumentano la vita. E cercare di non farsi ammazzare. Ma adesso gli apparve come un quartiere residenziale dove guardare le vetrine e fantasticare di prendere un hamburger e vivere in una di quelle villette come nei film, e...

...e poi le traiettorie dei proiettili, la luce bianca che lo aspirava, ed era morto.

«Nooo, lo sapevo! Mi son distratto e mi hanno ucciso...»

«Eh capirai, tanto rinasci subito».

Quando rinacque, Elena gli chiese di lanciarsi dal Bus della Battaglia verso le Montagnole Maledette, le piaceva il nome. Tomà atterrò col suo piccone, sapeva che c'era un cimitero, un castello semidiroccato, sapeva che ci andavano i nabbi proprio perché era un posto poco frequentato, in cima a un promontorio boschivo...

«Guarda che bel tramonto...» indicò Elena. «Sembrano le scogliere dell'Irlanda, sai?»

...Non aveva mai fatto caso che oltre quelle alture c'era il mare, infuocato dal sole, si girò intorno e guardò il verde immacolato dei prati, degli abeti, era tutto finto, certo, era un videogioco, ma da lassù quella luce dava un senso di pace vera.

«Mi piace questo gioco, è pieno di posti bellissimi...»

Lo disse, Elena, spostando il peso da accovacciata sul braccio sinistro e toccando la spalla di Tomà. Lui sentì come se nella nuca gli bruciassero i nervi, si girò e disse solo: «Già, non ci avevo mai fatto caso...» e restarono un po' a guardare il tramonto.

«Mamma...»

«Dimmi, cucciolo...»

«Ma secondo te... due bambini possono restare amici per sempre? Cioè, intendo anche dopo la scuola, da grandi, anche se poi alle medie o al liceo si perdono di vista...»

A letto, per la buonanotte, Tomà sentiva una gran voglia di confidarsi con la mamma, era uno di quei momenti in cui la voglia di capire, chiedere, sapere, è come l'appetito, un bisogno del corpo, della mente, di tutto.

«Stai pensando ad Alex?»

«No, a dire il vero pensavo a Elena... Sai, mi trovo bene con lei...»

«Lo so, lo vedo, sono molto contenta che sia nata questa amicizia».

«Eh, infatti, non so come dire, di lei mi posso fidare, non mi prende mai in giro, cioè a volte lo fa ma è per ridere, non per cattiveria... E poi lei mi fa vedere le cose in un modo che... cioè a cui non penso. Tipo, prendi questo pomeriggio, giocavamo a *Fortnite* e io sono sempre preoccupato che mi uccidano e che sul più bello mi si impalli il computer, e invece lei si è messa a guardare il paesaggio, cioè tipo il ristorante, le case, le piscine, sembravamo due turisti in vacanza, ed è stato più divertente che morire sempre... ma io non ci avrei mai pensato di giocare così. Capisci?»

«Sì, credo di sì, Tomà, e sono davvero contenta per te».

«E poi è avvenuto tutto così, cioè con una semplicità incredibile... io non ho mai capito perché a un certo punto nessuno mi invitava più a casa sua, non sapevo cosa dire, cosa fare... e invece lei così, un giorno si è autoinvitata, e *bum*, siamo diventati amici...»

«Ma le cose accadono così, Tomà. Quante volte ti ho detto che se vuoi una cosa chiedi, autoinvitati, non aspettarti che gli altri ti notino o ti vengano a cercare, non devi farti cercare, devi proporti e farti trovare... Elena ha fatto così. A un certo punto devi smettere di rimuginare e agire. Non puoi passare il tempo a pensare la vita, altrimenti non la vivi mai».

C'era altro che Tomà voleva capire, ma non sapeva come chiederlo. Ad esempio, gli sembrava speciale il fatto che l'aveva vista d'estate nella sera delle lanterne della pace, in un momento in cui c'era l'inferno ma era come se il tempo si fosse fermato, e poi se l'era ritrovata in classe. Così come era speciale il fatto che lei non aveva la puzza sotto al naso e aveva una spontaneità che lo elettrizzava. E quando quel pomeriggio le loro spalle si erano toccate aveva capito che c'era qualcosa nella loro confidenza che non aveva mai conosciuto. Non era come quando era felice con Alex e non era nemmeno qualcosa del tipo: "So che tu mi capisci come nessun altro".

Sì, certo, lei lo capiva, lei lo faceva divertire, lei non lo tradiva, soprattutto, se lo sentiva, ma non erano queste cose a renderla un'amica speciale, era il fatto di essere femmina. Sì, era una cosa nuova, ma c'era qualcosa che nessun amico maschio avrebbe potuto dargli: dolcezza forse? sorellitudine? Anche se non avrebbe saputo dirlo visto che non aveva una sorella... Sapeva solo che tutto il tempo che passava con lei aveva un sapore particolare, ma non riusciva ad andare oltre con i pensieri, dare un nome a quel sapore speciale. E si vergognava a chiederlo alla mamma.

Si limitò a dire: «Quindi io ed Elena potremo vederci anche dopo le elementari? Anche se andremo in scuole medie diverse?».

«Ma certo, Tomà, dipenderà da te. Se lo vorrai farai in modo che accada... Sai, da piccoli possono nascere delle amicizie che non finiscono mai. Possono nascere anche degli amori che durano tutta la vita...»

«Dai, ma che amori, mamma...» si schermì Tomà come se fosse nudo.

«Ma sì, cucciolo, non ti stavo prendendo in giro... Parlavo sul serio. L'altro giorno ho letto una storia che mi ha commosso. La storia di Matt Grodsky e Laura Scheel, di Phoenix in Arizona. La storia l'ha raccontata Matt su Instagram e ha fatto il giro del mondo. Si sono conosciuti all'asilo, se guardi le loro foto a tre anni già capisci che avevano una gioia speciale nello stare assieme. Ce n'è una in particolare in cui sono abbracciati, guancia a guancia, lei è scuretta, forse di origini indiane, con un sorriso bianchissimo e gli occhi vispi, e lui è più timido e dolce, si vede che è orgoglioso di lei. A volte succede che a tre anni i bambini dicano che vogliono sposare un compagno di asilo, ma è un gioco. Matt lo ha fatto, ha scritto che una delle prime cose che si ricorda è il momento in cui si è alzato in piedi di fronte alla classe e ha detto che un giorno avrebbe sposato Laura. Cosa avevano di speciale?, ti chiederai. Qualcosa che non si vede. Lei ricorda che lui era un po' imbranato ma che si divertivano tanto assieme, e lui che faceva di tutto per attirare la sua attenzione. Visti da fuori facevano quello che fanno tutti i bambini che si vogliono bene, Matt ha scritto che Laura gli insegnò a giocare con l'altalena, a disegnare colline, che recitavano le battute del *Re leone* e rimanevano svegli durante l'ora del riposino. Ha scritto anche che era innamorato di Laura da bambino e lo è ancora oggi. E se tu guardi una loro foto di oggi in cui sono abbracciati guancia a guancia come in quella dei tre anni, li riconosci subito, gli stessi occhi vispi di lei, la stessa dolcezza orgogliosa di lui. L'amore è questo, Tomà, un'energia che ci fa restare fedeli a noi stessi malgrado tutti i cambiamenti che avvengono fuori. E quando ti guardi indietro non ti senti disperso, quando guardi avanti non ti senti spaventato, perché tutto quello che vuoi è accanto a te...»

«E poi cos'è successo?»

«Poi, alle elementari si sono persi di vista, e anche alle medie. Però si scrivevano, soprattutto i biglietti di Natale, crescevano e assieme a loro cresceva immutata quella cosa invisibile che li aveva uniti. Poi al liceo Laura ha scoperto nel cellulare di un amico comune il nome di Matt, l'amico voleva farli incontrare di nuovo, ma Laura era un po' perplessa. Dopo che si sono scritti però è ritornato l'interesse di un tempo, e dopo due settimane erano già fidanzati. Anche se andavano in licei diversi, e poi sono andati in università diverse, in Stati diversi, hanno continuato ad amarsi e a stare sempre assieme. Finché, alla fine dell'università, con la scusa di un picnic lui l'ha portata nel giardino del loro vecchio asilo e lì le ha chiesto di sposarlo, e lei... be'...»

«Cosa? Lei cosa?»

«Be', lei poteva dire di no al suo amico imbranato di sempre? A lui, con i suoi occhi buoni e orgogliosi di lei? Certo che no... Ci sono persone che hanno la fortuna di trovarsi per sempre, Tomà, e noi tutti ammiriamo e sotto sotto invidiamo chi riesce a trovare un amore così raro e forte. Ecco perché la storia tutto sommato semplice di Matt e Laura ha fatto il giro del mondo. Vedi, ci sono due modi di vivere la vita, Tomà. Puoi affrontare la catena dei giorni *subendo* quello che accade, i dolori, le gioie, la monotonia, e sentendoti comunque "solo", anche se sei sposato, fidanzato...»

La mamma lo guardò negli occhi e poi cercò di spiegarsi meglio: «Ricordi quando studiavi gli insiemi dei numeri e li racchiudevi dentro cerchi? Immaginalo così. Le persone che si sentono sole vedono nel cerchio della loro vita solo i numeri col meno, non col più. Vedono quello che gli manca, vedono fuori dal loro cerchio il bello che non hanno e non sanno come raggiungerlo; anzi peggio, credono di non meritare qualcosa di diverso da quello che hanno, e si adattano a vivere così... Ma le persone che vivono per qualcuno a cui dare il meglio e per cui vogliono il meglio, vivono in due cerchi quasi sovrapposti e vedono solo i numeri col più. Per loro ogni giorno è come fosse il primo, ogni esperienza, anche i dolori, è una conquista, non una catena di cose da subire e che ci porta chissà dove. Qualunque cosa può riservargli la vita, ovunque li porti, loro sono a casa, sono completi, guardano al loro cerchio e non a quello che gli manca... Capisci?».

«Credo di sì...» disse Tomà, ma intuiva che la mamma non stava parlando più solo di Matt e Laura.

«Sai, non voglio dire che chi trova il vero amore è sempre felice e gli altri no. Non è così semplice. Tutti abbiamo gli alti e i bassi, i momenti di sconforto in cui vediamo tutto nero, i momenti in cui litighiamo o non ci capiamo. La felicità perfetta come nei film a lieto fine, in cui sembra che hai raggiunto il top e non devi andare oltre, be'... credo non esista. Non esiste la felicità completa, ma forse il cercarla assieme è la forma più completa di felicità. Capisci?»

Sì, capiva, e capiva che stava pensando a papà, questo voleva dire "cercarla assieme". Capiva che l'amore è una cosa strana, perché ti dà una dolcezza che ti fa venire gli occhi lucidi, ma è una dolcezza anche amara come quando vorresti piangere ma non puoi piangere, e ancor più strano è che con i ricordi dolorosi di ciò che hai perduto ti riempie di gioia. Anche lui, non voleva che la mamma soffrisse ricordando, eppure voleva che gli parlasse perché lo faceva star bene. Ci pensò qualche secondo, poi a voce bassa chiese: «Mamma... ma tu e papà come vi siete conosciuti?».

La solita mano calda di mamma gli spostò il ciuffo dalla fronte e lo riempì di tutte le certezze senza spiegazione che può dare la carezza di una mamma.

«Come ci siamo conosciuti? Sai, io studiavo all'università e lui era già pompiere. Non avevamo amicizie in comune, ma ci siamo iscritti entrambi a un gruppo di escursionisti. Il bello di quel gruppo era di riunire persone molto diverse fra loro accomunate dalla passione per la montagna. Abbiamo cominciato a fare escursioni assieme, in gruppo, e io notavo questo tizio bello, muscoloso, ma era come se avesse pudore dei suoi muscoli, invece quando si parlava delle cose della vita si scioglieva e aveva sempre belle riflessioni. A volte andavamo a mangiare la pizza con gli altri, uscivamo, io mi trovavo molto bene con lui e vedevo che lui aveva un debole per me, ma era come se ci vergognassimo a fare un passo oltre.

«Poi una volta lui mi ha invitata a fare un'escursione solo io e lui, sai, non è come una passeggiata in città, sono ore e ore assieme. Quando siamo arrivati in cima, ci siamo fermati a guardare il tramonto, e lì, seduti uno di fianco all'altro, con tutto il mondo sotto, ho capito che l'universo ruotava intorno a noi due, qualunque futuro si stagliasse all'orizzonte l'importante era che ci fosse a fianco a me papà. È andata così. Io ho appoggiato la testa sulla sua spalla, e senza guardarlo gli ho detto: 'Ti voglio bene', e lui: 'Anch'io, dal primo momento'. E basta. Da allora non ci siamo più separati, e io avevo una certezza più grande della vita. Non so come dire, la vita poteva riservarmi delle sorprese, e infatti me le ha riservate... ma il fatto che io amavo lui e lui amava me era un patto che dipendeva da noi, che non sarebbe stato spezzato da fattori esterni. Per questo eravamo più certi della vita. E questa certezza non mi ha mai abbandonata... Capito, cucciolo? Dai, adesso dormi che è tardi...»

La mamma si alzò tirando su col naso. "Adesso andrà di là e piangerà," pensò Tomà "perché io le ho fatto ricordare papà".

Restò in silenzio al buio, con l'immagine di mamma e papà di spalle su una montagna a guardare il tramonto. E poi la sua mente lo stupì con un'associazione di immagini velocissima. Mamma e papà soli in cima a una montagna, e il mondo sotto immobile che sembrava finito, poteva essere un mondo post-atomico come quello di *Fortnite*. Anche lui ed Elena avevano guardato il tramonto da un promontorio, certo era una scena virtuale, finta, su uno schermo, ma anche il ricordo della mamma che lui non aveva vissuto era finto per lui, però il fatto vero era che il tramonto è lo stesso ovunque e in qualunque tempo. E anche se non sapeva spiegarselo, era come se quest'immagine del tramonto, vero o virtuale, gli dicesse che non esiste la fine del mondo, ogni istante è sempre il primo, ogni sguardo è sempre nuovo, ogni volta che guardi la fine del sole è come se ricominciasse il mondo. Il che era proprio strano.

Ripensando a quel pomeriggio, al piacere di esplorare i luoghi della mappa come fosse un'avventura fantastica, per la prima volta dopo mesi *Fortnite* non gli sembrò più quel luogo di rabbia e nervosismo perché non riusciva a impedire che lo uccidessero, il luogo che gli ricordava di non avere i mezzi degli altri e quindi di non poter giocare ad armi pari, di non potersi godere la vittoria, il luogo in cui perdeva sempre e non poteva farci niente.

Per la prima volta da mesi, *Fortnite* gli sembrò un luogo di pace e serenità, un luogo di sogno in cui, se cambi le regole del gioco, puoi trovare quello che non hai nella vita reale. E dopo, puoi trasferirlo nella vita reale.

Perché la mamma aveva appoggiato la testa sulla spalla di papà. E quello era reale. Come la spalla di Elena appoggiata casualmente sulla sua. E come il sapore del tempo passato con lei. Adesso sapeva qual era la parola giusta per descriverlo. Certezza. L'aveva detto la mamma, proprio quella, così semplice, ma a lui non sarebbe venuto in mente. Elena gli dava la certezza di non avere nulla di sbagliato.

Mentre la dolcezza del sonno gli invadeva il corpo, rivide l'immagine di lui ed Elena seduti su una collina davanti al tramonto. E pensò: "È proprio un posto bellissimo, *Fortnite*...".

GENNAIO

Correrere come il vento

«La mente controlla il corpo» gli aveva detto papà la prima volta che erano andati a correre assieme al parco. «Prima cosa, il respiro. Poi, associa il respiro alle tue falcate. Poi, segui i tuoi pensieri, ti daranno il ritmo e vedrai che col tempo ti verrà più facile...»

Fino ad allora Tomà aveva creduto di correre veloce come il vento.

Fissava un traguardo, scattava con tutta la forza, si avvicinava, si avvicinava, superava gli altri, e si sentiva padrone della velocità, dello spazio e del suo corpo.

Ma questo alla materna.

«Vedi come sono veloce?» chiedeva sempre conferma alla mamma o al papà. Ancora a sei anni faceva i suoi scatti e sfidava papà, che restava indietro, si impegnava con le sue falcate ampie che però non bastavano mai per raggiungerlo. Tomà sapeva che se avesse voluto papà avrebbe potuto raggiungerlo e superarlo, ma credeva a questa bugia felice a cui credono tutti i figli, di essere più veloci, più forti e più furbi dei genitori.

Ma quella domenica al parco, di fronte al lunghissimo viale alberato, aveva capito che la sua velocità era l'illusione di un bambino di cinque anni.

Dopo i primi 100 metri era già spompato, d'un tratto aveva capito cos'è la fatica. Dopo altri 100 metri gli scoppiava il cuore. E si sentiva molto piccolo.

«Piano, Tomà, piano, devi provare a fare almeno un giro, che sono due kilometri» lo aveva tranquillizzato papà. «Non puoi spararti tutte le energie nei primi 200 metri... Ricordati, coordina il respiro e i passi».

Era stato allora che Tomà aveva scoperto che correre è tutt'altra cosa rispetto all'infantile miraggio di poter afferrare e raggiungere tutto ciò che vuoi. Correre è faticoso, faticoso come la vita, perché ti impone tragitti lunghi, senza tappe o soste quando vuoi tu, quando sei stanco, devi confrontarti con il ritmo degli altri, e così scopri che non hai energie illimitate, che devi imparare a resistere alla fatica...

Ora, la pista ovale e rossa del campo di atletica gli ricordava quel viale di domenica al parco col papà. Gli ricordava tutto ciò che non aveva e doveva conquistare, metro dopo metro. Gli ricordava che la corsa, oltre che fatica, è lotta con te stesso che vorresti cedere. E per questo non aveva nessuna voglia di correre.

Stava finendo il primo giro di riscaldamento, era sul rettilineo davanti agli spalti e cercò con lo sguardo la mamma, per salutarla, come sempre. Lei era lì, al centro della platea, imbacuccata dentro il piumino nel freddo del tramonto di gennaio.

La salutò alzando la mano esitante, magari gli altri non salutavano i genitori, cosa avrebbero pensato? Lei si sbracciò.

Erano cinque anni che si ripeteva quella scena, e quattro da quando non c'era più papà. Proprio papà aveva voluto che facesse atletica nel campo all'aperto, e non nel tendone riscaldato dove si sudava come pazzi. E quindi, a meno che non venisse giù il diluvio, col sole a picco o col gelo ci si allenava fuori. Il problema era per la mamma: restare un'ora sugli spalti da novembre a marzo voleva dire gelarsi. Eppure lei era sempre lì, a sorridergli a ogni giro di campo. Tomà sapeva che lo faceva per lui, per rassicurarlo.

All'inizio, il primo anno, quando andava con papà, era felice di fare atletica, voleva dimostrare a tutti, a papà per primo, che lui era il più veloce. Ma poi dalla terza si era accorto che gli altri erano più veloci di lui; sì, è vero, alcuni lo erano perché più grandi, o perché si erano sviluppati di più, per non parlare di quelli delle medie, ma restava il fatto che erano più veloci e lui si era demoralizzato. Aveva chiesto di smettere e la mamma era stata categorica, l'unica volta in cui l'aveva vista severa e intransigente: nuoto aveva mollato, mini basket a scuola aveva fatto una lezione e basta, la nonna spingeva perché facesse boxe o karate, per imparare a difendersi dai "fitusi", ma lui non voleva sentir ragioni... quindi avrebbe continuato con atletica, e niente storie.

Forse la mamma voleva continuasse con l'atletica per una sorta di omaggio alla memoria del papà, chissà cosa le passava per la mente in quell'ora sugli spalti, due volte a settimana da quattro anni. Pensarla sola, con quel sorriso infreddolito per incoraggiarlo gli faceva provare una fragile tenerezza. Sentiva che aveva bisogno di quell'incoraggiamento materno, ma al tempo stesso se ne vergognava.

Guardava furtivo i compagni e gli sembrava che nessuno salutasse il genitore o i nonni sugli spalti quando ci passava sotto. Neanche Vale. Lei sembrava interessata solo a vincere. Era arrivata da due anni e non era mai riuscito a batterla nella velocità, che fossero lo sprint sui 60 o sugli 80 metri. Già si capiva a scuola, nell'intervallo in cortile, quando giocavano a rincorrersi e lei sembrava una saetta. L'unica gara di mezzo fondo a cui avevano partecipato in quarta lei era arrivata terza, ricordava la premiazione sulla pedana, e lui era arrivato tipo quindicesimo. Il problema era che non aveva fiato, non riusciva a regolare la respirazione con i passi, non si era mai applicato sul serio ad apprendere il metodo, dopo che papà...

Il vero problema era che si stufava, non aveva costanza e quindi nessun metodo poteva funzionare.

Quel pomeriggio era stato particolarmente spompato, seguire il flusso dei pensieri mentre correva per lui era sfiancante, altro che dargli il ritmo. O forse era semplicemente un po' intristito, vai a capire perché. Aveva solo voglia di tornare a casa.

«Ciao...»

«Ciao...» rispose in fretta a dei compagni di corso fermi sulle bici.

Dopo cinque anni era il massimo che si dicevano. Erano di una scuola più in centro, uno doveva avere undici anni, gli altri facevano la quinta come lui, di più non sapeva. Avevano delle belle bici, mountain bike di qualità, e la sicurezza di chi è consapevole dei propri mezzi. Quella sicurezza che lui gli invidiava più di ogni altra cosa.

La mamma, come sempre, sembrava leggerlo nella mente. Li avevano oltrepassati abbastanza da non essere più udibili.

«Stavo pensando, Tomà... Che ne dici se qualche volta vieni da solo?»

Lui non disse nulla, si limitò a guardarla stupito, non era proprio vicino a casa, doveva prendere il tram anche se solo per tre fermate, non aveva mai fatto una cosa del genere, e la mamma non gli aveva mai proposto una cosa del genere.

«Col tram?»

«No, pensavo con la bici, Tomà. Che ne dici?»

«Con la bici? Perché?» e si rese conto che lo disse un po' allarmato.

«Non c'è un perché, Tomà, ho visto quei ragazzi con le bici e ho pensato che anche tu, se volessi, potresti venire in bici... Magari potreste fare un pezzo assieme. Li conosci? Vi parlate?»

«No... cioè sì, li conosco, sono della scuola in centro, vicino al Palazzo di Giustizia, ma non ci parliamo... cioè, solo qualche cosa mentre facciamo riscaldamento... ma non siamo amici...»

Erano quelle le situazioni che Tomà detestava. Quando la mamma cercava col suo garbo di spronarlo a fare amicizie e lui doveva mettersi sulla difensiva. Non era quello che faceva o diceva la mamma a metterlo in ansia, ma era il suo giustificarsi, il panico di non sapere cosa fare, che detestava. E poi la cosa che gli dava più fastidio era il fatto che si ripeteva sempre lo stesso copione e lui non riusciva a impedirsi la stessa reazione di paura. Che poi, più che paura, era una vergogna così forte da essere indistinguibile dalla paura.

«Va bene, Tomà, tranquillo, pensavo ti facesse piacere visto che adori andare in bici. Nessuno ti costringe... Ti vergogni di quei bambini?»

«Nooo, mamma, dai! Basta sempre con questa vergogna!»

Non si dissero più nulla per un po', finché non salirono sul tram dove c'erano alcuni studenti del Politecnico – la fermata era proprio di fronte all'edificio – e poi altri ragazzini di atletica con le loro tate, o i loro nonni.

A Tomà piacevano i vecchi tram, gli piaceva l'oscillazione del suo busto quando il tram ripartiva, gli piaceva pensare che dopo settanta o ottant'anni e mille cambiamenti, guerre, ricostruzioni, generazioni, mode passate, quei pezzi di ferraglia erano ancora lì funzionanti e lucidati a nuovo, con le panche di legno che chissà quante storie avevano portato per brevi tratti. Gli piacevano questi pensieri strani, che non sfociavano da nessuna parte, e gli sembrava di essere tipo uno spazzino che raccoglie frammenti di vita che gli altri avevano dimenticato, abbandonato lì, che si erano impressi nel legno e nel metallo.

Mentre dondolavano, la mamma si piegò di lato verso di lui e gli chiese: «Ma cosa ti diceva l'allenatore, prima, in campo? Ho visto che ti ha parlato...».

«Prima? No, niente, mi diceva di non mollare agli 80 metri, di tirare di più...»

Non aveva molta voglia di parlare, Tomà, non voleva spiegare per non doversi sentire in difetto, non dover svelare limiti, debolezze. Non dover ricordare a se stesso che alla fine cedeva sempre.

Perché era di quello che si trattava. Se non eri forte di testa, arrivato agli 80 metri mollavi, e a lui succedeva proprio questo, il traguardo dei 100 gli sembrava lunghissimo. Il problema delle gare era proprio quello, essere più forti di se stessi e non cedere prima della fine.

L'allenatore gli aveva detto: «Tomà, quando arrivi agli 80 metri, non pensare che ne mancano 20 al traguardo, altrimenti mollerai. Pensa che il traguardo è a 120 metri, pensa di avere ancora 40 metri da fare, così inganni la mente e trovi le forze per arrivare ai 100 senza rallentare. È un trucco: se allontani l'obiettivo, la mente si setta diversamente, capito?».

Per capire aveva capito, ma il problema era: dove la trovi la forza – sia di volontà che fisica – per credere davvero a questo inganno e tirare? Per lui quel "la mente si setta diversamente" era irraggiungibile, forse perché pensava proprio: "quando finiscono? quando finiscono?", e per lui gli 80 metri diventavano un traguardo anticipato. Non vedeva l'ora che finissero.

Ma tutto questo non voleva dirlo alla mamma... per non deluderla. Per non dover affrontare ragionamenti che lo facevano soffrire. E poi erano arrivati alla loro fermata e non era il caso di aprire certi discorsi.

Oltre l'incrocio, in diagonale sulla destra rispetto alla fermata del tram, il chiosco verde della signora Eloisa era una presenza discreta nel fiume di macchine che giravano al semaforo. E i colori dei fiori, le loro combinazioni, la loro immobilità, erano come le parole mute di una lingua di pace. Tomà pensava alla pace ogni volta che passava davanti a quel chiosco, non sapeva dire perché, ma il bianco candido delle margherite, il giallo e rosso dei tulipani carnosi, il rosa delicato dei gigli e lo splendore delle orchidee lo facevano sentire lieve dentro, senza pensieri, se non quello di sentirsi delicato e invincibile come i fiori.

Il che è alquanto bizzarro, ma proprio questa stranezza gli dava un senso di pace. E poi era il posto preferito della mamma.

«Come sta, Eloisa? La sua schiena?» stava appunto dicendo la mamma.

«Grazie, mia cara, va sempre uguale, ma ci ho fatto il callo... Alla mia età si deve mettere in conto che certi acciacchi te li devi tenere... Ciao, Tomà».

«Ciao». Tomà lo disse a bassa voce, sia perché si vergognava a dire "buonasera", anche se la mamma gli aveva spiegato che ormai non aveva più sei anni e doveva imparare a dare del lei agli adulti; sia perché la signora Eloisa lo metteva in soggezione, come la nonna. Era una di quelle persone che si capiva avevano vissuto più vite in una. Un po' per le rughe fitte sul volto e il collo, che sembrava la corteccia di un albero. Un po' perché emanava una rara confidenza con la vita, come se fossero vecchie amiche, lei e la vita, ne conoscesse i segreti e per questo stava a suo agio con lei senza temere nulla. E proprio quella confidenza faceva sentire Tomà piccolo e insicuro al suo cospetto.

Non che la signora Eloisa facesse chissà che per incutere quel rispetto. Da quello che Tomà aveva sentito dire alla nonna, da pochi anni le era morto il marito, col quale aveva gestito il piccolo chiosco per una vita, e dopo aveva preferito restare attaccata alla sua vecchia vita, piuttosto che cambiare città e trasferirsi dai suoi figli. Di fatto, proprio per questo suo essere immobile, come una pianta in un vaso, uguale a sé malgrado i cambiamenti, Tomà credeva che la signora Eloisa avesse tutta la saggezza della natura. Del resto sapeva tutto dei fiori, ed era per quello che erano lì, infatti la mamma le stava parlando delle sue orchidee...

«...non capisco, di giorno le metto a prendere il sole, come mi aveva detto lei, poi le ho immerse nella bacinella d'acqua...»

«Tiepida?»

«Sì, tiepida, me lo ricordo bene questo... però mi stanno appassendo...»

«Ma tu glielo fai fare lo sbalzo termico, come ti avevo detto?»

«Sì, anche questo, le metto fuori di giorno, anche se adesso siamo sotto i dieci gradi, e le riporto dentro al tramonto».

«E dove le tieni in casa?»

«Fra una vecchia credenza e il calorifero...»

«Ah ecco! Bimba mia, ma l'orchidea è una pianta tropicale. Ha bisogno di umido d'estate e di fresco d'inverno. L'aria secca dei caloriferi dei nostri appartamenti non le fa bene. Infatti ti conviene che ogni tanto vaporizzi le foglie e le pulisci con un panno imbevuto di acqua distillata...»

«Ma dai!» La mamma ebbe una reazione di incredulità e imbarazzo, come se avesse dimenticato una cosa ovvia. Anche se tanto ovvia non era, pensò Tomà. «Un dettaglio così piccolo... più impari e più non basta mai».

«Eh, cara mia, le piante, i fiori, sono come noi esseri umani. Va bene che tutti mangiamo, cresciamo e moriamo, ma ognuno ha la sua natura, e questa natura dipende dall'ambiente in cui cresci. Non puoi coltivare allo stesso modo un'orchidea o una margherita di campo o una stella alpina. E non puoi coltivare allo stesso modo un'orchidea da appartamento o una selvatica. Devi rispettare la natura e l'adattamento di ogni fiore. Se contrasti la sua natura un fiore muore, se la valorizzi allora vive e rifiorisce. Mi spiego?»

«Perfettamente» annuì la mamma, come se avesse capito qualcosa che andava oltre quelle parole.

"Doveva essere qualcosa che ha a che fare con le metafore" pensò Tomà. Una volta la mamma gli aveva spiegato che i limiti del linguaggio si possono superare con il potere delle metafore, per cui descrivi qualcosa di fisico e visibile ma vuoi indicare qualcosa di molto più grande e indicibile. Non aveva mai dimenticato l'esempio del tramonto, che non era solo la fine della giornata, ma tutto quell'insieme di cose un po' tristi e un po' luminose a cui non aveva mai saputo dare un nome: il tempo che passa, la fine della vita, il fatto che non puoi tornare indietro e ti accendi di nostalgia per le cose che hai perduto, il fatto che quando tu non ci sarai più – com'era successo con papà – l'alba sorgerà ancora e il mondo andrà avanti... Tutto questo grumo di immagini era condensato nel sole al tramonto. E da allora Tomà sapeva che una frase non vuol dire mai solo il suo significato, ma molto di più.

Si era un po' perso in questo pensiero magico, mentre la signora Eloisa spiegava alla mamma come potare gli steli quando i fiori sarebbero appassiti e i gambi sarebbero diventati secchi. Un taglio preciso sopra il primo nodo dalla base, quello da cui si sarebbero sviluppati nuovi steli.

Questa cosa del tagliare per dar spazio a nuova vita era incomprensibile per Tomà, un po' come la storia della coda tagliata di una lucertola che poi ricresce. Ma se ti tagli una mano non ricresce. E invece gli alberi dei giardinetti venivano potati ogni tanto, per poi fiorire più rigogliosi. Pensò ad alta voce: «Perché bisogna tagliare lo stelo? Cioè, perché se si taglia un pezzo dello stelo il fiore rifiorisce?».

«Perché, Tomà, fa parte della natura delle piante, come noi possiamo rifiorire dopo i dolori più grandi».

Perché aveva la sensazione che la signora Eloisa non stesse parlando di fiori, ma di altro?

«A volte, Tomà, bisogna lasciare andare parti inutili e secche di noi se vogliamo crescere e andare avanti. Vale per tutto nella vita...»

Eh sì, stava parlando di altro la signora Eloisa. Era una metafora come quella del tramonto. Non sapeva dire bene perché ma l'aveva capita, in maniera chiara. E questo era uno dei pregi delle metafore, quando sono chiare dicono molto di più di quello che sai spiegare.

In più, quella metafora era un nuovo Pensiero Importante, ci stava riflettendo mentre salutavano la signora Eloisa – «Saluta la nonna, Tomà...» – e mentre la mamma gli diceva: «Mi aspetti un attimo che prendo il pane?», e mentre percorreva gli ultimi metri prima del portone di casa, e mentre poi saliva le scale.

Sì, lui sapeva che aveva dei rami secchi che doveva potare per crescere più rigoglioso, l'aveva capito, ma come faceva a liberarsene? Non era come tagliare uno stelo! Questo avrebbe voluto chiedere alla mamma, alla signora Eloisa, e questo le metafore purtroppo non lo spiegavano.

Il bello di quando hai dei Pensieri Importanti che ti fanno capire le cose – come il fatto che a volte bisognerebbe potare il nostro carattere – è che ti lasciano per qualche ora uno strano retrogusto, un senso di sazietà, come se avessi scoperto un sapore nuovo della vita.

Tomà quella sera era di buon umore. A cena quando la nonna gli chiese: «Ma perché non ti fai la doccia negli spogliatoi? Così poi a casa sei a posto...», lui le raccontò che si vergognava a mostrarsi nudo davanti agli altri bambini.

«E poi non hai idea di cosa fanno certi» aggiunse, e prima che la nonna o la mamma potessero chiedere, scoppiò a ridere assorto nella visione di una scena per lui esilarante. «Cioè, ah-ah-ah, c'è uno che si prende il piciulo, se lo tira e poi suona le palline come fossero una chitarra, *den-dendlen-dendlen-dendlen*, ah-ah-ah!»

«Ah però! Un poeta!» La mamma lo disse con quel tono finto indignato e finto sarcastico.

«Sì, e poi ha i capelli lunghi e il ciuffo e lo agita come un musicista rock». L'attacco di risa divenne irrefrenabile. «Si immedesima e sbatte il ciuffo, sembra un chitarrista del *beeep*! Ohi, ohi, che ridere, mi fa male il fianco...»

«Occhio a non strozzarti, scimunito!» lo canzonò la nonna.

Tomà si calmò un po', deglutì, e sorrise come se stesse seguendo una scena che conosceva ma gli piaceva rivedere.

«Che buffo, noi adesso ci imbarazziamo a mostrarci nudi, e ci sembra strano uno che suona il piciulo... Ma a tre o quattro anni come eravamo ingenui, non ci vergognavamo di nulla, mi ricordo che uscivamo dal bagno con i pantaloni abbassati e dal corridoio urlavamo verso la classe: 'Maestla, cacca molle!'».

Anche mamma e nonna si scambiarono un sorriso, che per Tomà divenne una sghignazzata. «Oh mamma, mi ricordo una volta che eravamo nel corridoio io e Alex, a quattro anni, avevamo trovato una pallina marrone e ci era sembrata tipo un Coco Pops, l'avevamo leccata e poi ci siamo guardati in faccia schifati e abbiamo detto: 'Ma sa di cacca!'. Ohi, ohi, che ridere! Avevamo anche le nostre fisse, all'asilo. Io mi mettevo il grembiule e mi ricordo che dovevo aspirare le lampadine di plastica della casa giocattolo».

«Io invece ricordo che venivi sempre alla finestra della classe che dava sul corridoio e mi dovevi salutare appoggiando la mano al vetro».

«Sì, e poi me ne andavo a giocare con il garage e le macchinine, che tenero...» disse Tomà come se parlasse di un Tomà che era diverso da sé, un bambino piccolo e lontano nel tempo.

«Sai cos'era la cosa peggiore per me? Quando dovevo venire a prenderti. Ti trovavo sempre addormentato, pazzesco, proprio quando dovevo portarti via, non ti svegliavi neanche con le cannonate malgrado tutta la baraonda che c'era. Quando arrivavo e le maestre sorridevano, capivo che era perché tu stavi dormendo e sapevano quello che sarebbe successo. Come te la dormivi! Poi, dopo i cinque anni ti è passata, non ti addormentavi più al pomeriggio...»

«Già... giocavamo a palla, o con le figurine, eravamo cresciuti, e invece adesso, dopo cinque anni, come mi sembro piccolo a ripensarci!» Il sorriso di Tomà si tinse di una dolcezza malinconica mentre fissava il piatto vuoto a fine cena, e tutti e tre per un attimo tacquero perché in quella malinconia c'è una saggezza uguale, che livella tutti, a dieci, venti o cent'anni.

Più tardi, a letto, seduta sul bordo per dargli la buonanotte, la mamma cercò di rivitalizzare la complicità di prima.

«Come mai a cena ti son venuti quei ricordi divertenti?»

«Non so...» Ci pensò Tomà, ma davvero non sapeva trovare la catena di pensieri che lo aveva portato a quei ricordi. «Forse parlando delle potature con la signora Eloisa, del fatto che per crescere devi tagliare i rami vecchi, non so, mi è venuto in mente adesso, ma non so se c'entra...»

«Oh, c'entra eccome, Tomà». La mamma gli accarezzò il ciuffo. «Hai detto una cosa molto importante anche se non te ne sei reso conto. Quello che hai descritto è il modo in cui ragiona il nostro inconscio, quella parte di noi che capisce molte più cose di quanto ci rendiamo conto».

«Miiitico! Vuoi dire che sono un genio senza saperlo? *D'oh...*» Tomà fece l'imitazione di Homer Simpson e sorrise.

La mamma lo guardò con occhi che valevano mille carezze concentrate. Lui adorava quello sguardo perché lo scaldava e lo faceva sentire importante. Almeno, fino a poco tempo prima, ma ultimamente...

«Tu sei un bambino sensibile, Tomà, davvero, e io ti ammiro per questo. Non perdere mai la tua sensibilità...»

«Eh sì, la sensibilità, molto utile...»

Ultimamente... i complimenti della mamma cominciavano a

infastidirlo un po', pensava che lei volesse consolarlo per tutte le cose che gli andavano storte, non erano complimenti ma adulazioni per nascondere la verità, e la verità era che... non andava bene niente.

«La sensibilità può salvare il mondo, Tomà... Tu adesso te ne vergogni perché la scambi per debolezza, ma è la vera forza».

"Eh sì" pensò Tomà. "Che forza c'è a farsi prendere in giro da tutti e a vergognarsi di tutto?"

«Non devi vergognarti della tua sensibilità».

«Non mi vergogno della sensibilità... ma di altre cose».

«Tipo?»

«No, niente...»

«Tomà, non ti tenere le cose dentro, ti fa stare peggio...»

Su questo la mamma aveva ragione. Anche se negli ultimi tempi Tomà cominciava a vergognarsi a mostrarle le sue debolezze, alla fine provava ancora un gran senso di sollievo a confessarle cosa lo tormentava, sotto sotto era quello che voleva.

«Non vuoi dirmelo, Tomà? Tipo, di cosa ti vergogni?»

«Tipo della mia bici, per esempio!»

Ecco, l'aveva detto, era tutta la sera che questo magone ribolliva nel retrobottega della sua mente e lasciava un brutto sapore ai suoi pensieri.

«Perché, cos'ha che non va la tua bici?»

«Mamma, è di terza mano! Per carità è robusta, si vede che era un'ottima bici, ma l'hanno usata prima i cugini di Monaco, si vede che è vecchia!»

«Ah... capisco. E qualcuno ti ha preso in giro?»

«Sì...»

«Chi? Luca? Giò Giò?»

«Giò Giò...»

«E che ti ha detto?»

«Alla fine dell'anno scorso, un pomeriggio in piazzetta mi ha chiesto di che marca era la mia bici, perché non ne aveva mai vista una così. Io gli ho detto che era tedesca, che era dei miei cugini, e lui mi ha dato dello sfigato perché non avevo una bici nuova... Tanto è la solita storia, lo sai, prima sono sfigato perché non faccio le feste di compleanno nei locali, poi perché non ho la Play, poi la bici...»

La mamma guardò Tomà, il viso con gli occhi che sfuggivano i suoi e il corpo sotto le coperte, e le sembrò che le sue spalle quasi si chiudessero come un fiore appassito. «Ah... per questo non l'hai più usata quest'anno!» Poi, la sua voce si fece ancora più dolce: «Ed è per questo che stasera ti vergognavi con i ragazzi di atletica in bici?».

«Certo! Ti pare che ho voglia di farmi prendere in giro da altri fighetti delle scuole del centro?»

«Ma non è vero!»

«Cosa?»

«Chi ti dice che sono tutti come Giò Giò? Chi ti dice che devono prenderti in giro per forza? Magari invece ti ammireranno perché vai in bici al campo di atletica e potreste diventare amici».

«Sì... figurati!»

«Sì, Tomà!»

La risposta ferma della mamma lo imbarazzò un po' di più, perché alla dolcezza di prima si era mescolato l'orgoglio e forse una certa rabbia che dicevano tutto su di lui e lei. Non doveva spiegarsi nulla, perché il tono della voce parla la lingua delle emozioni che le parole non sanno tradurre fino in fondo.

«Non devi mai ragionare in modo scontato, Tomà! Se ragioni sempre al solito modo, avrai sempre le solite risposte ai soliti problemi. Ascoltami bene! Se io ti dicessi che la bici è solo un mezzo e che quello che conta è ciò che devi farci, il tuo scopo, probabilmente tu penseresti che sono belle parole ma che non ti aiutano a risolvere il tuo problema. Dimmi, pensi che se ti regalassi una bici nuova e fighissima cambierebbe tutto con Giò Giò? O che diventeresti subito amico dei tuoi compagni di atletica?»

Per un attimo Tomà ebbe voglia di rispondere "sì", di fare una battuta. Ma non si sentì di fare dell'ironia, soprattutto perché sapeva che la risposta era "no", non sarebbe cambiato nulla.

«Ci sarà sempre un Giò Giò di turno, e ci sarà sempre qualcosa per cui ti senti inadeguato. Fidati, non è un problema tuo, ma di tutti! Impari a sciare, ma ci saranno sempre quelli più bravi di te che ti prendono in giro. Ti compri la PS4 e poi arriva quello con la PS5 che si vanta. Il punto è che non puoi affidare la tua sicurezza alle cose che possiedi... ma alle cose che comprendi. Il problema non è quello che dice il primo Giò Giò che capita, ma il peso che tu dai alle sue parole. Perché quando pensi solo alla presa in giro, riduci la tua conoscenza della vita, degli altri, ti precludi tante cose che invece potresti fare!»

«Ad esempio?»

«Ad esempio andare al campo di atletica sicuro sulla tua bici e magari farti dei nuovi amici».

«Eh sì...»

Tomà si girò di fianco, rannicchiandosi con la testa vicino alla coscia della mamma. Lei gli spostò i capelli dall'orecchio, e per un attimo nel calore della sua mano lui rimpianse come cosa lontana quella specie di leggerezza di quando si è piccoli e tutto sembra facile e i problemi si dimenticano il giorno dopo. Forse anche la mamma pensava qualcosa del genere perché sospirò.

«Tomà, quando vedi un problema e ti sembra che quel problema sia tutto il tuo mondo, ricordati che il mondo è molto ma molto più vasto rispetto a quel problema. La bici usata o la PlayStation sono le fisime di un bambino viziato, che si tiene la bici nuova in garage e non la usa mai e così non ne apprezza il valore. Il vero valore è nelle persone, Tomà, e in quello che col loro esempio possono insegnarci. Ci sono persone che con le biciclette hanno salvato vite. Ai tempi dei nonni, durante la guerra, le donne che facevano le staffette partigiane, con la bici portavano messaggi, cibo e armi, e se venivano scoperte rischiavano la vita, lo sai? E dal loro coraggio a volte poteva dipendere la vita dei compagni partigiani. Pensi che si ponessero il problema se la bici era l'ultimo modello?»

La mamma cercò i suoi occhi e poi continuò: «Voglio raccontarti una storia, la storia di una ragazzina indiana che ha solo cinque anni più di te, Jyoti Kumari si chiama.

«Lei e le sue sorelle con la mamma vivono nel Bihar, uno Stato povero nel Nord dell'India, mentre il padre è andato a trovare lavoro vicino la capitale, Nuova Delhi, dove guida i risciò a motore. Il padre non cammina bene a causa di un incidente, non può lavorare i campi ed è già una gran fortuna che abbia trovato un risciò da guidare per conto di un padrone. Anche se a 1200 kilometri di distanza.

«Poi, però, il padre perde il lavoro. Una grave epidemia colpisce il Paese, e il governo, per bloccare i contagi, ordina alle persone di restare a casa. Se nessuno esce di casa i guidatori di risciò non hanno più clienti, così il papà di Jyoti si ritrova senza lavoro. E non può nemmeno tornare a casa, perché tutti i treni sono bloccati per l'epidemia. Non può restare lì, perché spende soldi per mangiare e non manda soldi a casa per la sua famiglia. Così decidono che l'unica soluzione è che lo vada a prendere Jyoti, la più grande, tocca a lei, anche se non è un maschio e può correre tanti pericoli. Va nella capitale, con i pochi risparmi della famiglia lei e il papà comprano una bici di seconda mano, una bici rosa da città, e senza pensare che quello che sta per fare è folle, Jyoti si mette a pedalare con il padre seduto sul sellino posteriore che tiene una borsa con tutte le sue cose.

«Jyoti pedala, con il suo umile sari rosso e la sua bici rosa, pedala. Hai idea di cosa significhi pedalare portandosi dietro per 1200 kilometri una persona che pesa il doppio di te? Ha impiegato sette giorni per riportare il papà a casa. Una media di 171 kilometri al giorno. La gente vedeva questa ragazzina che pedalava e si informava. Ma dove andate? Cosa fate?

«Ben presto tutti i giornali e le televisioni dell'India ne hanno parlato, e dopo qualche giorno tutto il mondo ne ha parlato. La Federazione ciclistica indiana è rimasta colpita dalla sua impresa e le ha proposto di partecipare alla selezione per entrare nella nazionale femminile di ciclismo. Se entra vuol dire che andrà alle Olimpiadi, ai Campionati mondiali di ciclismo. Ma Jyoti vuole diplomarsi a tutti i costi, perché a causa dei problemi della famiglia ha dovuto abbandonare la scuola. E per lei la scuola è tutto. La buona notizia è che la Federazione le pagherà anche gli studi, perché sono rimasti colpiti dal suo cuore di leone... E se ci pensi, tutto grazie a una bici di seconda mano...».

Nei brevi attimi di silenzio che seguirono, Tomà pensò che il bello delle storie della mamma era che sembravano più dei film che delle favole, quei film del tipo "basato su una storia vera", film che fanno sembrare la vita più bella di come possiamo immaginarla. Però, questo era anche il loro brutto, perché come puoi sentirti di fronte a una tosta come quella Jyoti, che non ha niente rispetto a quello che hai tu? E se ti senti una caccola con chi puoi prendertela? Ti vergogneresti con te stesso solo ad avere un pensiero invidioso verso una persona così. Per cui la cosa migliore che puoi fare è di pensare che, anche se non saranno i 1200 kilometri in sette giorni, anche tu puoi fare qualcosa di buono nel tuo piccolo.

Ma tutte queste cose non voleva dirle, per orgoglio.

«Hai capito cosa voglio dirti, Tomà?»

«Ho capito, mamma, mi hai convinto...» sorrise Tomà, con una specie di tranquillità che lo rincuorò.

Anche la mamma sorrise. «Cucciolo, non sono io che devo convincere te, sei tu che devi convincere te stesso... Ti ho raccontato questa storia solo per farti capire una cosa: più è grande la tua conoscenza del mondo, più diventa grande il tuo cuore. E allora i capricci, le offese, i dispetti ti sembreranno così ridicoli, credimi... Buonanotte, Tomà».

Dopo il bacio caldo di ogni fiducia sulla guancia, e appena spenta la luce, Tomà inseguì confusi pensieri, più che altro immagini della sua bici, di quelle dei compagni di atletica, della pista di atletica e della sensazione di libertà nel correre col vento in faccia.

E poi, all'improvviso, le sue immagini mentali si accesero come una foto in alta risoluzione, nitida. Si ricordò che lui adorava correre con la bici, andava pazzo per saltare sul marciapiede e fare lo slalom fra i pali dissuasori della sosta, adorava frenare con la ruota davanti per impennare con quella di dietro. Si rese conto che nell'ultimo anno andare in bici era diventato per lui molto più divertente che correre a piedi, eppure...

Eppure si era dimenticato di tutto ciò concentrandosi solo sulla paura di incrociare Giò Giò in bici e di essere preso in giro, di doversi nascondere, vergognare. Non riusciva a credere come la nuova abitudine a rinunciare, in pochi mesi avesse cancellato una passione di anni. Si vergognava per aver "tradito" la sua passione, per paura, ed era incredulo di fronte alla lucidità con cui adesso gli era tutto chiaro. Si era fatto del male da solo, nessuno lo aveva costretto, e questa era la cosa più brutta...

Poi pensò solo a correre, al fresco fra i capelli d'estate, all'ebbrezza della velocità, alla voglia di girare le gambe sempre più veloce, sempre più veloce... senza nessun ostacolo... senza fermarsi mai...

FEBBRAIO

Tua mamma puzza

L'ultimo giorno di scuola. Ce lo siamo immaginati così...

La campanella che suona e tutti che corriamo fuori in cortile a... a...

Bea si guardò in giro con aria smarrita.

«A rincorrerci e gridare» le suggerì la signora Lucia.

Ah sì, a saltare e gridare! Solo che sarà proprio l'ultimo giorno di scuola...

«No, Bea, *sarà proprio l'ultimo,* fai una piccolissima pausa, *questo ultimo giorno di scuola,* capito?»

«Sì, è che mi confonde questa ripetizione...»

Tomà guardava il copione e pensava che la voce in falsetto di Bea, i suoi acuti involontari, il tono monocorde, facevano un po' sorridere e lui si stava annoiando.

Era un inizio febbraio più caldo del solito, la luce filtrava dai finestroni come un abbaglio bianco, un giorno perfetto per andare a correre nel parco piuttosto che farsi venire l'abbiocco a scuola.

Anche gli altri si stavano annoiando: Giò Giò, appoggiato all'altra parete di fronte a lui, era impegnato a stuzzicare Ciccio Ricotta con una piuma sul collo, e il povero Ciccio, che gli dava le spalle, credeva fosse una mosca e ogni tanto la scacciava con la mano, a volte si girava e Giò Giò guardava dall'altra parte fingendosi concentrato. Facendo il giro dei compagni schierati a ferro di cavallo lungo le tre pareti dell'aula di teatro, Tomà individuò Luca e Alex alla sua sinistra, Sofi seduta sul calorifero, Aria e Lara, accovacciate a terra con le spalle curve per la noia, Iaki a braccia conserte che guardava fuori dai finestroni.

Nessuno stava ascoltando Bea, che tra l'altro non aveva quel tipo di voce potente che arriva dritta al pubblico. Eppure a Tomà piaceva quell'attacco dello spettacolo, anzi avrebbe voluto recitarla lui quella parte se solo si fosse vergognato meno di stare al centro della stanza su una sedia, di rivolgersi ai genitori che sarebbero stati di fronte il giorno della recita, se avesse saputo fare le pause giuste per far "sentire" a tutti che si parlava dell'ultimo giorno di scuola, della malinconia per gli anni passati che non potevano tornare, per ciò che era stato necessario perdere... per poter crescere, e che si guardava a dopo l'estate, alla scuola media, con la speranza titubante di un viaggio a cui sei costretto, che vorresti evitare a tutti i costi, ma sotto sotto ti incuriosisce.

«Ok ok, facciamo una pausina?»

La signora Lucia aveva battuto le mani che le erano rimaste congiunte come in una preghiera e le teneva strette davanti al petto.

«Bea, tesoro, ci devi mettere un po' più di brio sennò qui ci addormentiamo... Mi sembra che non sia proprio nelle tue corde questa parte, eh? Che dici?»

A Tomà, Lucia ricordava, per il modo in cui gesticolava, la direttrice un po' nevrotica e dalla comicità inconsapevole di *School of Rock*. Adorava quel film con Jack Black che si finge professore di musica, mentre in realtà è un rocchettaro sfigato, e poi riesce a risolvere la sua vita grazie ai ragazzi e all'insegnamento della musica. E adorava la scena in cui la direttrice, davanti ai ricchi genitori del suo istituto che le chiedevano dei figli, scappati per andare di nascosto al concorso di migliore rock band, sbottava dicendo: «I vostri figli sono... scomparsi!». Ogni volta Tomà rideva sempre a quella scena. E adorava il modo in cui lo diceva, prossima a un attacco isterico, perdendo le staffe, aggiustandosi gli occhiali e tenendo le mani aperte a paletta per poi congiungerle a mo' di preghiera.

Solo che la signora Lucia non era spilungona, con gli occhiali e prossima a un attacco isterico, era solare, minuta, energica, con i lunghi capelli neri raccolti in una morbida coda, e la voce melodiosa. Però... Però era vero che muoveva le mani come la direttrice di *School of Rock*, sempre con i palmi aperti e tesi. E poi chiamava tutti "tesoro", ma lo faceva con affetto e infatti tutti le volevano bene.

«Ascolta, Bea, e se facessi cambio con Elena? Tu fai la scena successiva della musa e lei fa questa... Ti va, tesoro? Vediamo se funziona?»

Bea annuì, doveva essersi resa conto che qualcosa non funzionava.

«Elena, tesoro, tu che dici? Ti va di fare questo scambio? La parte la sai? Proviamo?»

«Sì sì, mi piace, la so la parte...» e nel dirlo Elena si alzò da terra per avvicinarsi al centro dell'aula. Si vedeva che era contenta del nuovo ruolo.

«Allora, tesoro, tu parti dal centro, ti aggiri per le sedie rovesciate a terra con aria pensierosa, considera che è l'ultimo giorno di scuola, è suonata l'ultima campanella, devi trasmettere queste sensazioni con lo sguardo e con il modo in cui ti muovi, assorbi queste sensazioni prima di parlare, capito? Ti serve a entrare nella parte, e la musica in sottofondo ti aiuta. Allora, te la senti?»

«Va bene... sono pronta».

Un rumore di sberla, il tipico schiocco di manata sulla pelle spezzò il silenzio. Ciccio si era colpito il collo cercando di beccare la mosca che lo tormentava e Giò Giò trattenne a stento una risata, il suo sguardo incrociò quello di Tomà, che subito lo distolse.

Lucia accese lo stereo, prima Tomà non ci aveva fatto caso, e non avrebbe saputo dire se il sonoro c'era o non c'era. Ma adesso c'era, un vociare di bambini che si chiamavano, lontani, urlavano, giocavano, felici come tutti i bambini che giocano assieme, un vociare che sapeva di estate e corse all'aperto, di sudate, gelati, di città che si svuotano e pensieri annoiati.

Tomà era l'ultimo della sua fila e poteva vedere il volto di Elena, i suoi occhi che sembravano cercare fra le sedie i bambini che erano stati, pensava lui, e che non sarebbero potuti più essere. Era brava, forse anche lei immaginava quell'ansia di restare ultimo che lui provava all'ultima campanella, quando la classe si svuota, le voci si allontanano e la solitudine ti si appiccica addosso come un velo.

L'ultimo giorno di scuola.

È così che sarà?

La campanella che suona e tutti che corriamo fuori in cortile a rincorrerci e gridare. Solo che sarà proprio l'ultimo, questo ultimo giorno di scuola, perché qui non torneremo più e neanche nel cortile torneremo più... L'aula resterà vuota, le sedie vuote, dalle finestre aperte arriveranno le nostre voci... ma noi non saremo più qui per udirle.

Cavoli se era brava Elena, sembrava che tutti la stessero ascoltando, e forse tutti, proprio come Tomà, non avevano mai visto una cosa del genere, cioè quando una voce ti aggancia da subito con il significato che dovrebbe esprimere, e quel significato lo senti come tuo.

Una volta ho letto una frase in un libro che diceva così: che la vita è piena di momenti di separazione... dalla mamma quando sei piccolo... dai genitori quando cresci... dagli amici, a volte... a volte da un luogo amato... ma la cosa che crea più dispiacere è separarsi senza darsi un giusto saluto.

Arriva sempre il momento di dire addio a ciò che non possiamo più essere.

Prendiamoci il nostro tempo per guardarci indietro, a quando siamo partiti, e non sapevamo le avventure che ci attendevano...

Siamo tutti come Ulisse, che da Itaca partì e a Itaca ritornò, ma solo dopo aver attraversato il mare...

È giunto il momento, per noi, di rimetterci di nuovo in mare...

Nessuno disse nulla. Forse tutti provavano quello che pensava Tomà, che quelle parole sembravano scritte apposta per ognuno di loro, e nessuno voleva interrompere quel momento.

«Brava, tesoro, bravissima...» batté le mani Lucia. «Davvero, complimenti, come si suol dire "buona la prima!"».

Bum! Il tonfo di una manata sulla porta fece trasalire tutti, anche Lucia.

«Presa! L'ho presa, moscaccia!»

Qualcuno, forse Addi, trattenne sul nascere una sghignazzata. Lara e Gianna si coprirono la bocca sorridente.

Ciccio aveva steso il braccio con una botta tremenda a un centimetro dal volto di Giò Giò, che era sbiancato dalla paura. A poco a poco, come un'onda, tutti cominciarono a ridere, anche Lucia, come per liberarsi dallo spavento. E Ciccio si guardava intorno compiaciuto e rosso sulle guance come suo solito.

«Che c'è? Che ho fatto?»

Anche Tomà si lasciò andare al riso, soprattutto guardando Giò Giò che era l'unico a non ridere e forse ancora sentiva lo spostamento d'aria sul viso. Tomà non sapeva se Ciccio avesse capito dello scherzo di Giò Giò e si era voluto vendicare, con una perfidia un po' insolita per lui, o se semplicemente avesse cercato di colpire una mosca ignaro di tutto. Ma nemmeno Giò Giò poteva dirlo... ed era proprio questo che rendeva la scena divertente.

Per tutto l'inverno con Elena avevano assistito all'evoluzione della Season 7, e molto spesso più che giocare a sparare passavano il tempo e ricostruire la storia dell'isola, oltre che a visitarla. Tomà le aveva spiegato che prima che loro cominciassero a giocare assieme, sull'isola era caduto un grosso meteorite dentro il quale era stata trovata una capsula con un alieno chiamato il Visitatore. Non era chiaro cosa volesse e da dove venisse quel Visitatore, ma non era un cattivo, voleva solo tornare nella sua dimensione, e per farlo aveva rubato un razzo che il governo dell'isola, un'organizzazione segreta o qualcosa del genere, stava costruendo. Solo che mentre decollava, il razzo era precipitato e poi rimbalzato e nel cielo si erano aperte delle misteriose fenditure che mettevano in comunicazione il mondo del Visitatore con l'isola. E da quelle fenditure erano caduti oggetti del passato, un'intera nave vichinga, ossa di animali giganteschi, oggetti del Far West. E anche un cubo lilla dall'energia strepitosa. Il cubo era finito dentro il lago Sponde del Saccheggio e aveva trasformato l'acqua in una sostanza rimbalzante, finché tutto il lago si era sollevato dalla terra come un'isola fluttuante e il cubo era esploso con una tale forza da proiettare tutti i giocatori in una dimensione di mezzo. «Cioè?» aveva chiesto Elena. Solo che Tomà non sapeva spiegare tutti i passaggi. Una cosa era certa, a ogni stagione nell'isola arrivavano nuovi protagonisti e colpi di scena, ma ogni elemento del racconto aveva sempre uno sviluppo. Ad esempio cos'era quel Punto Zero alla base del lago dove si era sciolto il cubo? Da dove veniva la sua energia? Chi aveva mandato il cubo? E chi era quell'entità sotto forma di farfalla che quando tutti erano finiti nella dimensione di mezzo, senza spazio e senza tempo, li aveva riportati sull'isola?

Elena faceva tante domande a cui Tomà non sapeva rispondere, ma c'era qualcosa di affascinante nell'aggirarsi per un'isola della cui origine non sai nulla, del passato un poco e del futuro ancora meno.

Fatto sta che da quando Elena aveva cominciato a venire da lui i pomeriggi, l'isola di *Fortnite* era cambiata ancora. Un enorme iceberg aveva colpito la parte sud-ovest della mappa, creando luoghi nuovi, come Borgoallegro, Rampe Ghiacciate e Picco Polare. E si era scoperto che proprio a Picco Polare, sepolto sotto un grande strato di neve, si celava il Castello del Re dei Ghiacci, che sembrava un alieno-robot con cappuccio da cui fuoriuscivano lame, occhi blu brillanti sul buio del volto, e un cappotto lungo come quelli di *Assassin's Creed*. Ma in fondo era questo il bello di *Fortnite*, cioè che mescolava i look più vari, militari, horror, futuristici, la tecnologia più fantascientifica con storie dal sapore medievale con castelli abbandonati, prigioni segrete, armature e spade. Il Re dei Ghiacci aveva raccolto tutti i pezzi del cubo esploso per formare una sfera di energia con cui voleva congelare tutta l'isola. Ma qualcosa era andato storto ed era sfuggito al controllo del Re, per cui l'isola si era riempita di Demoni o Mostri del Ghiaccio che attaccavano i giocatori. La verità però era sempre diversa da come sembrava, perché in realtà il Re dei Ghiacci voleva solo impedire che il prigioniero incatenato nel suo castello si liberasse con lo scioglimento delle nevi e potesse scatenare il suo potere distruttivo contro l'isola. Quel recluso era il Re del Fuoco, che aveva con sé, buttate nelle celle, delle grandi uova. I suoi servi? Altri demoni? Cosa sarebbe successo se la tempesta di neve non lo avesse congelato di nuovo per secoli?

Di più, fino a quel momento, Tomà ed Elena non sapevano. Lei però era molto più interessata alla storia, ai costumi dei personaggi e ai paesaggi, che a tutto il resto. Anche perché quando si combatteva, con tutti quei salti, giravolte, le barriere che si costruivano in cui si entrava e si usciva e si modificavano e poi si saltava, insomma le girava la testa.

Una volta nonna Pro l'aveva sentita e aveva detto: «Brava, pure a me fa venire il mal di mare. Preferisco se ballate, che a furia di spara spara si rincretinisce Tomà...».

Elena aveva riso. «Tua nonna è buffa, mi fa ridere, però ha ragione, anch'io preferisco ballare».

E infatti, immancabilmente, collegavano la Wii e si allenavano con *Just Dance*. Anche se nell'ultimo periodo Elena aveva scoperto che i balletti di *Fortnite* non erano niente male, e lo sfidava a imitarli. E lì cominciavano le risate.

Gli unici balli che Tomà era riuscito a replicare così così dopo mesi di prove erano tre: la Spazzolata, doveva solo dondolare le anche e incrociare le braccia avanti e indietro; la Looser Dance, indice e pollice della destra a formare una L sulla fronte e l'altra mano sulla cintura mentre scalciava da ambo i lati con le gambe; e la Ride The Pony, questa la conoscevano pure i muri, ispirata alle mosse del *Gangnam Style* di quel cantante coreano che imitava una cavalcata. Fin lì ci arrivava, perché i passi erano facili. Ma non era mai riuscito, malgrado le tante ripetizioni, a riprodurre in maniera dignitosa la Electro Shuffle come la faceva Elena, troppo veloci e complessi i movimenti delle gambe, e poi le mosse non erano due da ripetere ma tante e troppo fluide. E quello era il problema. La fluidità, più difficile della complessità delle mosse.

Infatti la seconda delle danze impossibili era la Wiggle: in teoria era semplice, braccia distese lungo i fianchi e cominci a oscillare dalle caviglie alle ginocchia ai fianchi, come una S, che sale e scende all'infinito. In teoria, appunto. In pratica a Tomà veniva fuori una Z che si incurvava al rallentatore, suscitando ogni volta le risate incredule di Elena che non riusciva a frenarsi, come quando riguardi una scena comica che sai a memoria e aspetti proprio il momento clou per ridere ancora e ancora, sempre uguale. Elena era l'unica persona che poteva ridere di lui senza dargli fastidio, anzi la sua risata gli dava una contentezza che gli attraversava il corpo come un'onda.

Quel giorno Tomà le aveva detto che era stata brava nel prologo dello spettacolo, ci teneva a dirglielo.

«Mi ha fatto venire un po' di malinconia...» gli era scappato mentre era assorto, come se lo avesse detto a se stesso.

«Perché?»

«Eh, perché... se ci pensi... quando finirà la scuola come ci sentiremo? Certo per te è un po' diverso, sei arrivata quest'anno, non hai i ricordi di cinque anni con noi...»

«Già... però io mi trovo meglio con Serena che con le mie vecchie maestre. Ci fa fare un sacco di cose interessanti. È sempre dolce... E pensare che quando sono arrivata l'estate scorsa in questa nuova città mi sembrava tutto strano, ero in ansia».

«Sai che io ti ho vista? È da un po' che te lo volevo dire, tu forse non ti ricordi...»

«Dove?»

«Una sera l'estate scorsa, sul canale, si festeggiava la pace o qualcosa del genere, e c'era una folla mostruosa per lanciare in cielo delle lanterne... Un incubo, la folla ha rischiato di schiacciare me e mia cugina, ma c'è stato un momento in cui io e mia mamma ci siamo trovati di fianco a te e a tua mamma...»

Elena lo guardò con un'espressione che Tomà non le aveva mai visto: stava pescando i ricordi? lo stava prendendo in giro? non si ricordava proprio e non voleva offenderlo? Forse aveva fatto male a dirglielo. Il pensiero di essersi mostrato troppo interessato, solo lui, e lei no, gli dava un enorme fastidio. Poi Elena sorrise.

«Il bambino sorridente... Mi ricordo quel momento, è stato un attimo di pace in mezzo al finimondo. Non mi ricordavo che eri tu, ma adesso che me lo dici...»

«Già, anch'io me lo ricordo così... Ma tu poi le hai viste le lanterne?»

«Ma va'! Ho visto solo le schiene della gente... Però bella questa cosa...»

«Quale cosa?»

«Che ci siamo incontrati quando ancora non ci conoscevamo... vuol dire che eravamo destinati a diventare amici».

«Chissà...»

Lo disse fingendo distacco, non voleva apparire come quello che dava troppa importanza alla cosa. Ma un microsecondo dopo se ne pentì, perché c'era una sincerità nella voce di Elena che aveva a che fare con la sincerità della luce, la stessa del tramonto delle lanterne. La stessa che sapeva di pace. C'era qualcosa di bello nel pensarlo, cioè di essere destinati all'amicizia: un po' come se i percorsi della vita fossero tipo i labirinti ingarbugliati nella *Settimana Enigmistica* della nonna, e la soluzione era solo una e la stessa per lui ed Elena. E questo non succede spesso.

Tacquero entrambi. A volte quando non hai più niente da dire è perché forse hai detto tutto e il resto è superfluo. O è troppo importante e non sai dirlo.

«Cosa facciamo, giochiamo?» fu Elena a rompere il silenzio.

«Ma sì, dai...»

La schermata della tele collegata al PC era rimasta sulla pagina della lobby, prima che si caricasse una partita, il momento preferito di Elena perché nell'Armadietto le piaceva scegliere le skin dei vari personaggi, con il vestito, le armi e tutto il resto, ma soprattutto con i vari balletti da provare e imitare.

«Cos'è quel segno lì? Quello lì a sinistra...»

«Quello? Ah, ti dice quali tuoi amici sono online...»

«E chi sono i tuoi amici?»

«Mah, mica tanti. A volte gioco con Iaki... quello che si chiama Doraemon08».

«E chi sono gli altri?»

«Be', MegalodonXXX è Giò Giò, e l'altro credo sia Dimitri...»

«Zombiekiller si chiama? Che buffo. Non è che Doraemon sia meglio...»

«Già...»

«Perché non ti colleghi, dai? Così giochiamo assieme, non l'abbiamo mai fatto».

«Ma no, meglio di no».

«Come no, sì, dai! Non ho mai visto come si gioca in squadra...»

Come faceva a dirle che giocare con Giò Giò era il peggior incubo che potesse capitargli? Che avrebbe fatto qualunque cosa pur di evitarlo, le prese in giro e tutto il resto? Solo che era altrettanto forte la voglia di non apparire lo sfigato asociale che scappa da qualunque situazione. Si limitò a mandare la richiesta a Iaki, con cui erano già amici online, sperando che non rispondesse perché impegnato in una partita.

Invece rispose nelle cuffie.

«Ciao, Tomà, è un bel po' che non ti si vede qui sull'isola... Sei capitato proprio nel momento giusto, sto giocando con Giò Giò e Dimi...»

Si capiva dalla sola voce che Iaki friggeva dalla contentezza. E perché poi? Perché voleva fargli capire che stava giocando con i due compagni più forti? In classe lo sapevano tutti che avevano un team con il cugino e un amico di Dimi, e che Giò Giò diceva che voleva diventare un gamer e youtuber come CaptainBlazer e fare un sacco di soldi.

Tomà provò una strana tenerezza per Iaki. Alla fine poteva avere tutti i soldi del mondo, lo schermo da 1000 pollici grande come una parete, il soggiorno con le colonne come un tempio greco – da quando l'aveva visto non lo aveva più dimenticato –, poteva avere la Play e la Xbox con tutti i giochi esistenti, ma era solo un ragazzino insicuro come lui, che voleva piacere ed essere accettato dagli altri, che invitava i compagni nella sua casa faraonica per cercare di farsi degli amici e gongolava di poter giocare almeno una volta con quelli che nella classe erano considerati i "pro player".

«Come mai ti sei autoinvitato, Tomà? Non l'hai mai fatto finora...» chiese Dimitri.

«Cosa dicono? Non sento». Elena, oltre le cuffie, si sentiva estraniata e non capiva.

«Un attimo...» sussurrò Tomà.

«Ma con chi parli?» indagò Giò Giò.

«No, dicevo a Elena...»

«Cosa?» chiese lei.

«Uuuh... la tua fidanzatina! Che teneri, *smack smack*...» Ecco stava cominciando col suo solito tono perfido, Giò Giò.

«Smettetela!» A Tomà sfuggì una protesta, ma si vergognò subito per la voce un po' isterica che gli era uscita.

«Mah... Noi non ce l'abbiamo la fidanzata, scusate, quindi gli sfigati siamo noi...»

«Sfigato sarai tu, nabbo!»

Iaki aveva provato a difenderlo o gli era scappata una constatazione mossa da un po'... di invidia? Di certo gli era grato, e Giò Giò si era zittito, e quel silenzio era pieno della sua irritazione. Tomà non disse nulla, avrebbe voluto replicare "macché fidanzata!", ma forse ci faceva una figura migliore lasciandoli cuocere nel loro brodo.

«Dai, giochiamo, anziché perder tempo a dir cazzate. Ma solo finché non si collegano gli altri due del nostro team, poi dobbiamo allenarci».

«Cosa facciamo? Battaglia Reale?» chiese Dimitri.

«Facciamo Creativa?»

"Creativa, come proponeva Iaki, forse, ma Battaglia Reale no" pensò Tomà, che col suo computer che si impallava sempre sarebbe morto subito, e poi per rientrare in gioco doveva aspettare che finisse la partita. O doveva sperare che lo rianimassero, e lì già presagiva gli sfottò.

«No, Creativa, no, con voi nabbi vi killiamo subito, è troppo facile. Facciamo Battaglia Reale, lì almeno c'è di tutto...»

Giò Giò parlava come se fosse il capo del team, non chiedeva, non proponeva, ordinava, faceva sempre così, e questo rendeva difficilissimo per Tomà replicare, perché se diceva un "no" avrebbe poi dovuto sostenerlo, difenderlo. E non era in grado di farlo, non con lui almeno.

Tacque. E tutti acconsentirono a fare Battaglia Reale.

«Andiamo a Parco Pacifico, raga» intimò Giò Giò.

Era il posto preferito di Tomà ed Elena, lo faceva sognare quella tipica cittadina della provincia americana, con il campo da calcio al centro, i vialetti alberati, la case a due piani ordinate e rifinite, il rifornimento di benzina, e quel senso di felicità pietrificata, con le auto abbandonate e le case vuote che chissà chi avevano ospitato un tempo.

Atterrato sul tetto piatto di una casa moderna, Tomà cominciò a spaccare col piccone in cerca di armi e materiali. Quello era uno degli aspetti buffi e belli di *Fortnite,* con quattro picconate potevi aprire tetti, pareti, disintegrare alberi o rocce per trovare casse con armi, succhi succosi per rafforzare la vita, bende per curarsi. Fu fortunato a trovare subito uno Scar, un fucile d'assalto piuttosto che semplici pistole.

«Sparano, cecchino, cecchino!» urlò quasi Dimitri.

«Da dove?»

«Lassù, le rocce».

«Lascia perdere, è troppo lontano» era la strategia di Giò Giò. «Dimi, curalo finché scende, per ora non abbiamo né un cecchino né materiale sufficiente per buildare».

Tomà era rimasto nella casa moderna, alla finestra, cercando di stare al coperto. Sapendo che aveva tempi di reazione troppo più lenti degli altri, a causa del suo PC, pensò che la strategia migliore fosse stare acquattato ed evitare gli scontri aperti.

«Raga, mi sparano, dal benzinaio». Iaki era sotto attacco nella pagoda del giardino al centro del quartiere. Dalla grande finestra della sua casa Tomà lo vide.

«È nella mia linea di tiro, Iaki, preso...»

Elena esultò in silenzio. Il tizio cominciò a saltellare e a costruire un riparo visto che era sotto due fuochi.

«Ma che fai, Tomà? Non ti aveva visto, avevi tutto il tempo per finirlo! Che nabbo!» lo insultò Giò Giò.

Dei colpi raggiunsero il tizio appena sbucò da una parete della piramide di legno che si era costruito, e il drone con la luce bianca segnalò la sua morte.

«Nooo, ma mi hai stillato la kill» protestò Iaki verso Dimitri.

«E se sei scarso che vuoi da me?!?»

«Il cecchino è sceso, è sul tetto di mattoni rossi» segnalò Giò Giò.

«No! Mi ha preso, sono a metà vita. Raga, avete pozioni scudo o bende?»

«Preso, ancora, ancora, e vai, killato!»

Giò Giò esultò e nessuno rispose alla richiesta di Iaki. Che però si era salvato e andò a cercare casse di armi o medicine nelle case vicine.

Anche Tomà decise di muoversi, se restava fermo dov'era avrebbe finito le munizioni. Giò Giò e Dimitri si erano spostati alla sua sinistra a fightare, dall'altro lato del campo di calcio. Lui decise di puntare alla casetta piccola davanti a sé, in linea retta verso il benzinaio. La raggiunse, e fin qui nessun problema. Poi raggiunse anche il benzinaio, trovò un fucile a pompa, ma stava per attraversare la strada, quando dal tetto della casa di fronte gli spararono.

Non avrebbe fatto in tempo a scappare, cominciò a buildare pareti di legno, poi rampe per salire. Il tizio costruì una pedana per intercettarlo in aria, e gli sparava attraverso le pareti. Tomà cercò di scendere e di coprirsi con una tettoia. Si aprì una stanza a fianco, poi una rampa per risalire al piano di sopra, ma arrivò ciò che più temeva, il PC si baggò, salto di scena e si ritrovò il tizio a pochi metri che lo colpì e gli tolse metà vita. Saltò giù e cercò di trovare rifugio nel benzinaio.

«Raga, mi date una mano?!?» gli scappò, e si pentì per quel tono di ansia nella voce.

Un'altra frazione di secondo immobile e il tizio lo colpì ancora col fucile d'assalto. E ancora. Zero vita. Tomà era carponi, un colpo ancora ed era morto, e poi per rientrare in partita qualcuno avrebbe dovuto rianimarlo.

«Wow! Headshot, raga!»

Essere salvato da Giò Giò era una magra consolazione. Lui si vantava di un colpo alla testa a 200 metri, ma ancora pochi secondi e Tomà era fuori.

«Raga, mi rianimate? Qualcuno, dai!»

«Sei ferito?» chiese sottovoce Elena, che cercava di capire da sola cosa accadeva.

«Io sono troppo lontano, gattona, Tomà, gattona!»

Ogni parola era un calcio sulla schiena, meno male che Elena non sentiva, pensò Tomà, soprattutto quel tono che godeva a umiliarlo. Non sapeva cosa replicare, non voleva replicare, altrimenti Elena avrebbe capito. E stare zitto bruciava dentro.

«Eccomi, compagno di battaglie!» Iaki aveva questo gusto un po' cavalleresco di sottolineare quello che faceva, anche a scuola se prendeva una palla in bagher – evento raro – se la tirava neanche fosse stato Aragorn che aveva sconfitto i Cavalieri Neri, visto che a lui piaceva così tanto *Il Signore degli Anelli*. Faceva anche un po' sorridere per queste sue esagerazioni, ma non se ne rendeva conto.

Di nuovo in piedi, rianimato, Tomà si affiancò a Iaki, tanto lo avevano capito che giocavano a due coppie e non in quattro, Giò Giò e Dimitri facevano squadra a sé e se ne fregavano.

Attraversarono il campo di calcio. L'avversario morto aveva un bel corredo da trafugargli, diverse bende con cui recuperò 50 di vita e soprattutto il Barrett, il fucile di precisione che a lui piaceva tanto.

Ma dovevano correre. La safe si stava riducendo, la tempesta incombeva. Giò Giò e Dimitri erano già lontani.

Scendevano verso Sponde del Saccheggio, oltre delle colline verdi con alberi di tutti i colori, il fiumiciattolo formava tante anse e i lampi si accendevano dietro le nubi.

Correvano e saltavano, correvano e saltavano. E dove possibile recuperavano materiali, legno e pietra.

Iaki aveva già guadato il corso d'acqua e stava picconando un grosso albero, quando un tizio con la skin bordeaux di Ibrido lo colpì alle spalle. Era troppo vicino e col vantaggio della sorpresa poteva finirlo, anche se Iaki si stava difendendo buildando.

Tomà era ancora sul pendio della collina, prese il Barrett, tentò, anche se il tizio saltava in continuazione, mancato, ingrandì il mirino, attese un attimo in cui Ibrido si fermasse per sparare meglio, prima che cominciasse a buildare anche lui o a saltare senza sosta, mirò alla testa...

«Headshot! Non ci credo, ho fatto headshot!»

Si girò verso Elena raggiante, liberò solo un pugno dalla consolle, non sapeva cosa fare, se darle il cinque, lo alzò per la contentezza.

«Grazie, Tomà, ti sono debitore! A buon rendere!»

Gli altri non capivano queste espressioni di Iaki che sembravano prese dai film, lo prendevano per strano perché usava frasi dei padri o dei nonni, tipo "compagno di battaglie", appunto, o "a buon rendere", non lo dice uno di dieci anni. Ma Tomà sapeva che erano il segno di una grande correttezza. Iaki era riconoscente, generoso, leale, per questo a lui stava simpatico.

Lo raggiunse e trovò un medikit, così recuperò tutta la vita. Anche Iaki indugiò un attimo a bere due shieldini per ritornare in forze.

E poi arrivò. All'improvviso.

«No, siamo morti! Ma come abbiamo fatto a non accorgercene?!?»

Il muro di luce della safe li superò e si allontanò. L'erba da gialla divenne viola, tutto si fece più ombroso.

«Corri, Tomà, corri!»

Per risalire più velocemente il pendio buildarono rampa su rampa, la linea della vita scendeva, gli alberi si scurivano, sul viola brillavano i lampi della tempesta...

L'ultima cosa che ricordava era che Giò Giò e Dimitri se n'erano andati poco dopo per unirsi al loro team, ma prima li avevano sfottuti «perché solo due nabbi come voi potevano non accorgersi prima della tempesta».

Non riusciva a prendere sonno, Tomà.

Non pensava a niente di preciso, ma vedeva ancora le immagini di lui e Iaki che correvano, saltavano, sentiva ancora nei muscoli l'ansia di scambiare continuamente le armi col piccone, l'ansia di passare dalla mappa e la matita per buildare al fucile a pompa, quella specie di frenesia angosciante perché non sei abbastanza veloce e l'avversario ti spara prima, sentiva l'umiliazione di mendicare una rianimazione mentre camminava a quattro zampe... E poi pensava ai garage con le lavatrici e i muri scrostati e i bidoni della spazzatura nel retro delle case. I luoghi di *Fortnite* gli erano sembrati diversi quel pomeriggio, avevano un sapore di prigione.

Si accorse che giocare così a *Fortnite*, in fondo, gli creava più agitazione che divertimento. Preferiva quando gironzolava con Elena per le case e fantasticava di viverci, quando guardava i panorami, e lasciava che i colori festosi della vegetazione gli sorridessero dentro. Preferiva giocare con Elena, anche se il loro non era "giocare" a *Fortnite*. Preferiva ballare, scegliere le skin come se facessero shopping. Sì, Iaki era leale, ed è bello combattere con un compagno leale e che si sacrifica per te. Ma lui preferiva giocare con Elena, era stare con lei che trasformava la malinconia da fine del mondo di *Fortnite* in una specie di allegria da vacanza fuori dal tempo. L'ultima immagine che ricordò prima del sonno fu il viola angosciante e la corsa fra i fulmini della tempesta.

«Eccoli, i due nabbi. Oh, partita memorabile ieri, eh?»

Doveva aspettarselo. Giò Giò non lasciava mai correre nulla e appena poteva si vendicava. E Tomà sapeva che ce l'aveva con lui. E adesso, nell'intervallo, non poteva andare da nessuna parte, che faceva, scappava?

«Non avete visto l'headshot di Tomà!» tentò di difendersi Iaki.

«Ma, Tomà, spiegami una cosa: com'è che tu ti muovi al rallentatore?!? Anche mio padre quando gioca a *Fortnite* ha i riflessi migliori di te». Dimitri non aveva lo stesso tono perfido di Giò Giò ma non poteva sapere che la sua offesa era molto più grave dell'apparenza.

Tomà esitò, cominciò a sentire le tempie pulsare.

«È un po'... ritardato!» ghignò Giò Giò.

Finché puoi eviti, abbassi la testa, fai finta di non capire, ti allontani. Tomà aveva fatto sempre così. Ma se non puoi andare da nessuna parte, e se le parole sono come pugni, e se non rispondere è ancora peggio perché ti umili davanti a tutti, quando non hai più scampo succede che reagisci: mentre una parte di te cerca la fuga, all'altra parte sale il sangue alla testa e si difende.

Il respiro divenne un'energia nel petto che uscì fuori: «Gioco col PC di mia mamma, che non è potente come la Play, ogni tanto si bagga...».

«E allora fatti comprare la Play da tua madre, no?»

Non lo disse con cattiveria Dimitri, ma come uno che vuole un giocattolo ed è normale che i suoi glielo comprino come fosse un gelato. E non capisce perché gli altri non possano fare lo stesso.

«Non può, perché fa un lavoro da poveri...» Com'era odiosa la voce di Giò Giò.

«E che lavoro fa?»

«Raccoglie i rifiuti».

Non riusciva a credere che stesse succedendo davvero. Era già successo. Le tempie adesso bruciavano e si accorse che in petto aveva una tempesta. Non lo avevano mai umiliato così, gli sguardi di tutti i compagni li sentiva come schiaffi. Forse era la paura, la rabbia. Sentiva quella paralisi di quando succedono cose gravissime, e tutto si blocca, e vorresti tornare indietro. Come quando aveva saputo di papà. Aveva il terrore che...

«Come? Non sapevo che anche le donne facessero gli spazzini!»

«Sì, la mamma di Tomà sì, l'ho vista io sotto casa mia».

Il terrore che Giò Giò potesse infierire, che lo colpisse dove era più fragile senza fermarsi, diventò il suo unico pensiero. Adesso sentiva davvero di essere con le spalle al muro. Fuori tutto gli crollava addosso. Dentro stava esplodendo.

Poi Giò Giò si girò con uno sguardo provocatorio verso di lui. «Chissà che puzza quando torna a casa... Eh, Tomà?»

Risero, non sapeva quanti, Iaki no, oltre a Dimitri qualcun altro. C'era anche Ciccio che lo guardava. E le risate coincidevano con un tremore che sentì in tutto il corpo. Abbassò lo sguardo, voleva nascondersi.

La sua voce dal basso sorse: «Mia mamma non puzza...».

«Fai sentire se puzzi anche tu?» Giò Giò si avvicinò per annusarlo.

Tutti a ridere più forte. Anche Ciccio rise, ma Tomà sapeva che non aveva capito. Incrociò gli occhi azzurri di Alex che si avvicinò richiamato dalle risa. Forse aveva capito che non era una bella situazione per Tomà, ma non disse nulla.

Il tremore dentro salì fino alla gola, gli chiuse il respiro e gli fece uscire un «Basta!...» forte, di quelli esasperati di quando sei solo contro tutti e raccogli tutte le forze perché hai capito che non hai più niente da perdere. Voleva solo che suonasse la campanella, che se ne andassero, che arrivasse Serena, voleva andare a casa e non vedere nessuno. Ma il tempo sembrava rallentato al massimo.

Giò Giò lo speronò sulla spalla. Pensò che lo avrebbe colpito, che stava cercando lo scontro, invece in un attimo capì che era un diversivo, lo aveva distratto e con la mano gli aveva buttato per terra l'astuccio. Nella caduta si era rotto il coperchio di plastica del temperamatite.

«Ops! Scusa» ghignò lui con sfacciata provocazione. «Adesso dovrai fartelo comprare nuovo da mammina».

L'aveva sempre saputo che non aveva la... cos'era, furbizia? la cattiveria? La prontezza di spirito per reagire a queste provocazioni. Per questo evitava Giò Giò. E adesso sentì che stavano montando le lacrime. Quelle no, non poteva permettere che, dopo l'insulto alla mamma, gli desse pure la soddisfazione di piangere davanti a tutti. Le lacrime represse, quella forza che gli bloccava il corpo, forse l'umiliazione? il pensiero della mamma, il sentirsi accerchiato, tutto montò su in un attimo, non riuscì nemmeno a capire quando sentì se stesso che urlava pieno di rabbia «Bastaaa!» e, nel dirlo, con uno scatto rabbioso lo spinse sul petto.

Giò Giò ne fu sorpreso, ma si sentiva forte dei suoi dieci centimetri in più e con la destra gli artigliò il collo.

L'istinto agì senza che capisse come. Non pensò, con una manata verso l'esterno del busto Tomà gli strappò la mano dal suo collo, poi ruotò le mani verso l'interno, puntò il tallone della gamba destra indietro e spinse con forza al petto Giò Giò. Qualcosa del genere l'aveva vista nei film su cui ogni tanto la nonna faceva zapping, i vari Ip Man, Van Damme e Bruce Lee. Questa cosa di ruotare le mani in un senso e poi subito nel senso opposto l'aveva memorizzata. Ma si stupì di vedere che, ruotando le mani e spingendo col busto, riuscì a sbattere Giò Giò al muro alle sue spalle.

Vide i suoi occhi spalancati, un attimo di smarrimento, non si aspettava la reazione? non si aspettava tanta forza decisa? non si aspettava forse di provare anche lui paura?

Lo vide diventare rosso, accigliarsi, riprendersi e diventare minaccioso. Si stava facendo sotto di nuovo. Poi all'istante cambiò espressione.

«Bambini, che succede?»

Era entrata Serena e Tomà non se n'era accorto.

Giò Giò prese subito l'aria della vittima. Un'impressionante metamorfosi. «Serena, Tomà mi ha spinto al muro e mi ha fatto male!»

«Davvero? Tomà, che succede?»

«Giò Giò ha offeso la mamma di Tomà, ha detto che puzza».

Iaki di certo voleva difenderlo, ma il sentirgli dire quelle cose davanti alla maestra per Tomà fu come la rottura di una diga. Non ce la faceva più a contenere la vergogna. Si imbronciò per trattenere le lacrime. Era fragile come a cinque anni e voleva buttarsi fra le braccia di Serena come fosse la mamma. Ma aveva l'orgoglio dei dieci anni, detestava fare la vittima. Rimase muto e tremante con gli occhi allagati di dolore.

«Giò Giò, è vero?»

«Sì, ma lui mi ha fatto male però...»

«Tomà? Come ti senti?»

Tutto si offuscò. Non voleva dare soddisfazione a quello. Non voleva mostrarsi debole con nessuno. Non voleva aprire il discorso della mamma spazzina. Voleva che Serena lo aiutasse. Voleva che Elena non fosse lì a vederlo, e non c'era. Non voleva tutti quegli occhi addosso, e non voleva sentirsi così, tipo tutto nudo. Voleva che la sua vita fosse diversa e che non dovesse sempre sentirsi con qualcosa in meno. Voleva resistere alle lacrime, evitare l'ultima umiliazione, non era mai successo in cinque anni...

Ma poi tutto divenne liquido e lui non poté farci niente.

«Sciao, campione, come va?»

Selim sembrava particolarmente di buon umore quel pomeriggio.

«Ciao...» sussurrò Tomà.

Aveva voglia di stare fuori. Elena non poteva venire a casa perché aveva i suoi allenamenti di ginnastica artistica. E forse era meglio così, con quello che era successo al mattino si sarebbe sentito a disagio ad affrontare il discorso con lei. Meglio andare a fare gli anelli o un po' di trazioni alla sbarra con i suoi amici. Almeno loro lo conoscevano e non gli chiedevano nulla.

Lo impressionava sempre vedere come Aquaman, che pesava tipo novanta chili, riuscisse a fare con scioltezza i *muscle-up*, si tirava su sopra la sbarra con tutto il busto e stendendo le braccia in giù, e lo faceva tante volte come se non avesse peso. Anche lui avrebbe voluto avere le braccia così muscolose, un giorno...

«Vuoi usare la sbarra, Tomà? Ti aiuto?»

Tomà annuì. Al massimo faceva tre trazioni, ma si esaltava sempre perché tutti gli dicevano che era l'unico bambino che conoscevano che sapeva farle. E poi perché stare aggrappato a due metri dal suolo lo emozionava.

«Togliti la felpa, Tomà. La felpa la devi mettere alla fine, per tenere i muscoli caldi, capito?»

Aquaman aveva un vocione tipo Chris Hemsworth di *Thor*, lo sapeva perché aveva sentito l'attore una volta su YouTube. Ma con lui quella voce era comprensiva, sempre pacata. Lo rassicurava.

Si tolse la felpa e la appese alle parallele.

«Ma che hai fatto, Tomà? Cos'è questo?»

Si ricordò dei graffi e si tirò su il colletto della maglietta.

«Fa' vedere...» si avvicinò anche Selim.

«Questi sono segni di unghie. Hai fatto a botte, Tomà?» gli chiese Aquaman.

Negò.

«L'hai pestato, Tomà? Uuuh, *fight club, fight club,* bro!»

«Ma che gli dici, testa di ca... cocomero...» Aquaman si curvò verso di lui e gli appoggiò la mano sulla spalla. «Tu come stai, Tomà? Tutto bene?»

Annuì.

«Eh, io sono suo amicu, mi proccupo per lui. Tomà, com'è andata? Ti ha messo la mano sul collo ed eri contro il muro? Guarda, ti fascio vedere qualche mossa, ok?»

Selim gli prese la mano e se la mise sul collo. Tomà era troppo imbarazzato per opporsi, ma non aveva voglia di altri confronti fisici.

«Allora, se uno ti mette la mano sul collo, tu devi essere velosce come una pantera, con una mano gli prendi il polso e glielo stacchi dal collo, ok, poi ti sposti un po' indietro e gli pieghi il brascio dietro la schiena, capito? così lo tiri giù ma lui non ti può colpire, e tu *bum bum,* capito?» e mimò dei pugni al viso di Tomà, piegato in due.

Lui rispose sì sì, ma non si preoccupò di nascondere quel tono dei ragazzi quando vogliono far capire che non gli importa nulla di quanto gli viene detto.

«Prova tu, dai! Io ti prendo il collo e tu mi fai la mossa. Vediamo se hai capito?»

Tomà sentiva ancora il tremore nel corpo per lo spavento e la rabbia provati al mattino. Voleva solo fare un po' di trazioni in pace. E quell'insistenza gli stava facendo venire un po' di occhi lucidi.

Si rifiutò. Una volta, e anche due.

«No, non mi va...»

Sentì Selim alzare la voce: «Tomà, devi imparare a difenderti, trimenti tutti sgiocheranno con te come gattu che mansgia il topu. Vuoi essere sempre topo tu, e scappare?».

«Ma non serve a nulla la violenza!» Anche lui aveva alzato la voce, quasi uno strillo. Lo sfogo del mattino lo faceva sentire come se dentro di lui si fosse aperto un recinto da cui uscivano con facilità tante cose che prima erano state sempre incatenate. Non sapeva contenere più la rabbia.

«...perché se gli torco la mano, poi lui mi darà un pugno, e allora io cosa faccio? gli do un calcio? E lui mi graffierà ancora più forte e così non finiremo mai!»

«No, perché tu lo devi sbattirti a terra subito, capito? *Bam!* Gli devi fare tantu male che lui capisce che non gli conviene insistere!»

Tomà esplose. «Ma io non voglio fare male a nessuno, mi vergogno, non mi piace!» stava urlando, quasi con voce di pianto. Di nuovo come al mattino, non ne poteva più di quelle emozioni.

«Aaah, ma tu non capisci, casso! Io ti insegno per il tuo bene!» Selim si era spazientito, stavolta non stava scherzando al suo solito modo. «Se sc'era tuo padre lui sì che ti fasceva vedere come si combatte!»

«Ma mio padre non c'è e non tornerà più. E io non sono come lui, ho dieci anni e non mi piace picchiare nessuno! Fanculo, capito?!?»

D'improvviso si accorse del silenzio. E il silenzio non è un vuoto ma è un campo magnetico, un'energia che ti preme sulla pelle, la senti tutto intorno a te. Forse anche i ragazzi della pista da skateboard erano in silenzio, forse lo stavano guardando, Tomà non lo sapeva perché il cuore gli batteva a mille e le orecchie gli pulsavano. Forse Selim si era offeso, forse lo avrebbero sgridato perché aveva detto una parolaccia, forse Aquaman doveva aver detto qualcosa a Selim tipo "chiedigli scusa, coglione" e lui non aveva replicato polemico come al solito... forse tutti avevano gli occhi un po' lucidi di lacrime... O forse erano i suoi a essere inumiditi. Voleva andare a casa e buttarsi a letto, e fermare il tempo e tornare a quando tutto era perfetto all'inizio delle elementari e non sapeva che la vita può essere così dolorosa.

Poi Selim si inginocchiò e gli parlò con una voce così dolce e soprattutto seria che Tomà non immaginava nemmeno potesse avere: «Hai rasgione, Tomà... scusa. Sai perché ti voglio bene come un fratellino? Perché quando sono arrivato in questo Paese ero solo, e la solitudine è dolore più grandi che scé. Venivo qui a guardare quelli che fanno gli eserscizi e li imitavo, ma mi vergognavo. Tuo padre mi ha visto e mi ha preso in simpatia. A lui non importava se ero nero, aveva capito che ero solo. Mi spiegava i trucchi per fare bene gli eserscizi, e se uno mi prendeva in giro lui mi difendeva. Io fascevo di tutto, fascevo vucumprà, poi mi sono preso la bisci e fascevo deliverò. Poi venivo qui e scercavo amisci. E tuo padre mi ha aiutato con i suoi amisci, ha chiesto e grazie a lui ora ho un lavoro fisso in un magazinu, con contratto e tutto, sai? Tuo padre è stato il mio fratello masgiore e tu sei il mio fratellino. Ok? Ma tu sei meglio di noi, tu pensi e noi fasciamo solo i bulli di strada. Tuo padre sa... rà orgoglioso di te. Troverai tu il "tuo" modo di risolvere i problemi... Anche se non sarà fascile perché la sgente non è buona come te... Ma tu sei forte dentro, Tomà...».

Poi lo abbracciò e all'orecchio gli sussurrò: «Perdona se ho alzato la vosce. Ok? Ti voglio bene, Tomà!».

Fu allora che Tomà si lasciò andare e si strinse forte al collo di Selim. Nascondeva le guance fra le sue braccia e il collo di lui, e tirava su col naso nel tentativo di non piangere forte. Sentì una manona sui capelli e capì che era Aquaman, e si lasciò andare al senso di famiglia, anche quella era una famiglia, un gruppo di cui aveva piena fiducia e che gli offriva riparo quando le cose andavano storte nella vita. La pace più grande è non doversi difendere. E quando puoi mostrarti in tutta la tua fragilità è una liberazione. Pensò: "A volte la gioia e il dolore proprio si confondono". Voleva piangere perché voleva urlare al mondo che gli mancava il papà, ma era anche felice che Selim, Aquaman e gli altri gli volessero bene. Sentiva di volere tutti gli abbracci del mondo per saziare il buio dei suoi occhi chiusi.

Non vide, nessuno vide, che dietro un albero a pochi metri si era fermata nonna Pro, venuta a riprenderlo. Anche lei aveva gli occhi tutti rossi di lacrime come nessuno l'aveva mai vista.

MARZO

Il papà migliore del mondo

«*Cos'hai capito del lavoro dei tuoi genitori? E grazie al loro esempio, o all'esempio di altri adulti che conosci, che idea ti sei fatto di quello che ti piacerebbe fare da grande?* Avete capito, bambini, il tema? Avete due settimane per fare questa ricerca a casa, chiedete pure ai vostri genitori, fatevi spiegare se non capite, siate curiosi anche di quello che non vi dicono, scoprite cose nuove…»

Tomà adorava la maestra Serena, perché era serena di nome e di fatto. Con il suo sorriso buono sotto gli occhiali spessi, la voce pacata, che anche quando si arrabbiava in classe era come se avesse la sordina e non superasse mai un certo volume, Serena non perdeva mai la pazienza e sapeva sempre trovare modi nuovi per incuriosire.

Grazie a lei, Tomà aveva capito una cosa, anzi due. Se non ti incuriosisci non imparerai mai davvero nulla, perché non avrai nemmeno la voglia di colmare quello che non sai. E lo studio, la matematica, la storia, la letteratura, non sono delle cose che devi memorizzare per far vedere agli altri quanto sei intelligente, ma sono dei mezzi per capire come funziona la tua mente, quante cose puoi riuscire a comprendere del mondo e della vita.

Ogni libro, poesia, ogni notizia del passato dell'uomo o della geografia del mondo, ogni segreto dei numeri, sono come esercizi che potenziano la mente, così la pensava. Scoprire e capire una conoscenza nuova gli dava la stessa euforia che provava quando riusciva a fare la verticale a testa in giù sugli anelli al parco, o a stare teso sulle braccia e con le gambe a squadra sempre sugli anelli, anche se gli tremavano i muscoli, anche se aveva paura di cadere o che le braccia cedessero, però si sentiva grande, forte, come i ragazzi del *calisthenics*. Ecco, con lo studio era più o meno così. Non solo si sentiva potente, con lo stesso senso di forza e controllo, non dei muscoli, ma della mente. In più lo esaltava il risultato, dimostrare a se stesso cosa poteva ottenere, comprendere, modificare e controllare con la sua intelligenza. E tutto questo lo doveva a Serena, la mamma lo diceva sempre che era unica, per il suo metodo, per le ricerche che faceva fare, per le schede con cui completava i compiti e i contenuti dei libri, per la passione che sapeva trasmettere...

Solo che stavolta, questa ricerca no...

«Vi do un consiglio. Cercate di non raccontarmi semplicemente cosa fanno il vostro papà o la vostra mamma, e basta. Cercate di spiegarmi cosa avete capito, grazie al lavoro di mamma o papà, di come funziona il mondo. Cercate di immaginare se a voi piacerebbe fare qualcosa di simile o di diverso. Magari sognate di fare qualcosa di *completamente* diverso, e allora spiegatelo. Dovete essere sinceri, questo è il segreto, avete capito?»

No, questa ricerca non gli piaceva, non lo entusiasmava per quello che avrebbe scoperto, anzi lo allarmava per quello che lo costringeva a guardare. Cosa avrebbe dovuto dire? Di papà non avrebbe potuto parlare, e della mamma cosa poteva dire? La verità era che si vergognava del lavoro della mamma, nonostante avesse fatto a botte per difenderla, e si vergognava del fatto che faceva un confronto mentale con i genitori degli altri. Per lui il solo pensarlo era come tradire la mamma, come se non le fosse riconoscente. E questo gli faceva un male enorme.

Non era quello che avrebbe scritto nella sua ricerca ad angustiarlo, ma quello che i suoi compagni pensavano di lui. O forse, peggio, quello che lui sapeva di loro. Una volta Giò Giò aveva detto che il suo papà gestiva i soldi dei ricchi e quindi era ricco anche lui; di Luca sapeva che il suo papà si occupava di computer, o di reti di computer nelle grandi aziende, cose del genere, ma ogni anno cambiava il SUV per avere sempre l'ultimo modello; la mamma di Sara faceva l'archeologa e quella di Aria insegnava all'università qualcosa tipo urbanistica. L'anno prima la sua e altre quarte erano andate a seguire una lezione in cui la mamma di Aria spiegava come era cambiato il territorio della città negli ultimi venticinque anni. Aria sembrava la copia in miniatura della mamma, stessi occhiali e capelli rossi, stesse lentiggini, si vedeva che si vergognava, ma perché tutti avevano gli occhi su di lei e pensavano che la sua mamma fosse una importante che insegnava "all'università", che già solo a dirlo mette soggezione.

Ma lui cosa avrebbe dovuto raccontare della sua di mamma? Che sapeva scovare e raccontare storie vere e commoventi? Erano così importanti le sue storie? Per lui sì, lo aiutavano a capire quante cose incredibili possono fare le persone, ma agli altri cosa davano? Era sicuro che a tipi come Giò Giò, Dimitri o Luca non fregava niente delle storie. Per Luca contava essere stato tra i primi ad avere la PS4, a otto anni, quando era appena uscita e tutti lo invidiavano. Per Giò Giò contava avere gli autografi di alcuni youtuber famosi perché andava al firmacopie dei loro libri col fratello più grande. Contavano cose così, stupidi dettagli che cambiavano man mano che si cresceva. Cose di cui vantarsi, cose che gli altri non possono avere, cose che ti distinguono. E di certo lui non aveva nulla che lo distingueva, capirai, conoscere tante storie commoventi e particolari che accadono nel mondo che ti dà?

Chiese il permesso per andare in bagno, più che altro aveva voglia di prendere aria.

Chissà perché si scoprì a ricordare il primissimo giorno di scuola del primo anno, quando le maestre li avevano accolti con i genitori, li avevano fatti disporre lungo le pareti per farli presentare a turno. C'erano dettagli che non aveva mai dimenticato, e rivisti dopo cinque anni sembravano i segnali discreti con cui il destino si annunciava e rivelava quello che sarebbero diventati i suoi compagni.

Max aveva fatto ridere tutti dicendo che la sua mamma urlava sempre in casa, e lei era arrossita come un peperone. Di Luca, Tomà aveva notato la teatralità nella voce e la voglia di rendersi protagonista, e con quella spigliatezza Luca non avrebbe mai smesso di cercare di essere il capetto di questo o di quello. Bea era tenera e sdentata, con la sua vocina sottile e acuta, Tomà l'aveva vista di fianco al padre e aveva pensato che sarebbe diventata una giraffa dinoccolata come lui, e così era stato. Giò Giò era così diverso, paffuto con le guanciotte rosee, ma già si notava quella sua postura orgogliosa che si era acuita negli ultimi anni, per cui sembrava che a ogni scherzo o gioco si stirasse come un pavone.

E lui... con la frangetta corta corta, andava in ansia man mano che si avvicinava il suo turno e alzava lo sguardo sopra, verso il papà, sentiva le sue mani sulle spalle e gli sembravano una corazza contro ogni proiettile. «Devi solo dire chi sei, Tomà», ancora sentiva la voce tranquilla, capace di trasmettergli fiducia. Com'era tenero nei video fatti dalla mamma col cellulare, con i suoi occhietti smarriti in cerca di rassicurazione, sentiva ancora la pace e il senso di pienezza che gli davano le mani di papà sulle spalle, non aveva bisogno di niente allora.

Quando arrivò ai lavandini, per un attimo il suo sguardo incontrò uno degli specchi, non voleva guardarsi per paura di quello che avrebbe potuto vedere, e vide quegli occhi da cucciolo smarrito, ancor più smarrito del primo giorno di scuola, così si sentiva, e detestava sentirsi così fragile, come un cucciolo di animale che poteva essere ucciso da un momento all'altro.

Si chiuse in bagno, nell'unico con la serratura funzionante, e gli venne da pensare a un documentario sui cuccioli di animali che aveva visto su Focus poco tempo prima.

I documentari di animali sono come una specie di ABC delle emozioni base della vita, semplici e chiare, non contorte come negli uomini, e ridotte alla loro forma più elementare.

Ci trovi tutto: la paura, il coraggio, la pietà, l'istinto di sopravvivenza. È come tornare al primo giorno di scuola della vita e ripassare tutto quello che abbiamo dimenticato, rispecchiandoci nelle reazioni degli animali.

Questo documentario, tutto dedicato ai cuccioli di scimmia, si componeva di due storie, di quelle che non dimentichi più, più belle di qualunque libro avesse mai letto. Una sul padre e una sulla madre.

C'era un cucciolo di bonobo, i cuccioli di bonobo sono di una tenerezza irresistibile, e dopo neanche due minuti di documentario era rimasto orfano, mamma e papà erano morti in uno scontro con altre scimmie. La natura è così, tu aspetti mamma e papà come ogni giorno per mangiare e giocare, e loro non tornano più, e tu non sai perché e non puoi farci niente. Il cucciolo aspettava i genitori sotto un albero, non sapeva dove andare, era straziante vederlo implorare in silenzio con lo sguardo, ma loro non tornavano e lui era sempre più rassegnato a quello che sarebbe successo. Passò di lì un altro branco di bonobo, e un maschio, il leader, lo nota e lo prende sotto la sua ala protettiva. Il cucciolo trova una nuova famiglia, ricomincia a giocare e riscopre la fiducia nella vita e nei suoi simili. Ma un giorno i maschi vanno a combattere contro un altro branco, e lui resta accovacciato in attesa che torni il suo nuovo papà adottivo. Quando gli altri maschi tornano e lui non lo vede, infila la testa fra le gambe con gli occhi tristi.

È stato allora che Tomà aveva capito che si sentiva come quel bonobo, e aveva sentito che le loro vite contavano allo stesso modo, erano fragili allo stesso modo. Era bastato quel gesto, quella testa fra le gambe, rassegnata, a fargli provare come un'energia nel corpo, una specie di vibrazione di fratellanza. Quando il papà non torna non puoi farci niente, tieniti il tuo dolore stretto, dentro, è una cosa della natura, come alzarsi, mangiare, dormire, non puoi farci niente... Lui lo capiva il piccolo bonobo. Ma poi il papà era tornato e il cucciolo si era acceso di gioia, tutto il volto gli si era trasformato, gli era saltato al collo urlando per la felicità, e anche quell'urlo Tomà lo aveva riconosciuto come una vibrazione di fratellanza. Ma soprattutto, quando il piccolo aveva appoggiato il volto sulla spalla del padre e aveva chiuso gli occhi per la gratitudine, Tomà aveva visto da fuori se stesso, e aveva capito perché quel documentario gli aveva squarciato qualcosa dentro: lui quella gratitudine alla vita non avrebbe più potuto averla, semplice, per lui non c'era il ritorno del padre, non c'erano più le mani sicure sulle sue piccole spalle. Doveva diventare adulto da solo.

Le lacrime gli allagarono gli occhi, tirò su col naso ma non un verso, non un singhiozzo gli uscì. Lo sapeva come una specie di istinto che non sai spiegare ma lo vedi in azione: tante volte si era abbandonato ai singhiozzi con la mamma, tante volte con lei aveva ceduto, ma in cuor suo, quando era solo, si sentiva come gli animali, come il cucciolo di bonobo, per quanto profondo fosse lo sconforto non era mai resa, gli animali non si arrendono, si leccano le ferite e riprendono il cammino, riprendono a vivere, non singhiozzano sconfitti. Era sicuro che questo gli avrebbe detto suo padre.

Forse era da un po' troppo tempo che stava lì in bagno, forse era meglio rientrare, anche perché non voleva che la maestra e gli altri lo guardassero incuriositi per il suo ritardo. Sfilò il ferretto dal chiavistello, spinse, ma la porta non si apriva.

Un brivido lo attraversò come una piccola scossa. Se c'era una cosa che gli dava fastidio erano i luoghi troppo angusti e restare chiuso in un posto piccolo. Spinse di nuovo con tutta la forza e quello che capì fu peggio della paura di restare chiuso: qualcuno stava bloccando la porta da fuori.

Sentì sghignazzare, erano in due, e dal tono capì che forse uno dei due era Dimitri, quindi l'altro doveva essere Giò Giò. Cercò di accelerare i pensieri mentre la vergogna e l'umiliazione sommergevano la sua paura. Poteva provare a dare un calcio, poteva prendere una piccola rincorsa e provare a dare una spallata per sorprendere i due là fuori. Intanto passavano i minuti e cosa avrebbe detto la maestra per il suo ritardo? Però tra un po' sarebbe suonata la campanella dell'intervallo, ma fra quanto, dieci minuti? Non lo sapeva. E quindi che poteva fare, aspettare? Chiamare aiuto? Manco morto, sarebbe stata l'umiliazione peggiore. Lo avrebbe saputo tutta la classe, tutta la scuola forse. Non avrebbe mai dato una tale soddisfazione a quei due. Mentre ragionava cercò di sorprendere pure se stesso, come se avesse paura che potessero intuire i suoi pensieri, breve rincorsa e diede una spallata. La porta ebbe un sussulto, ma non successe nulla; del resto, si era dimenticato di abbassare la maniglia.

Poi gli venne l'idea. Le pareti divisorie fra un bagno e l'altro non arrivavano al soffitto, erano poco più alte della porta. Alte un po' come la trave per le trazioni al parco. Certo, non c'erano Aquaman e Selim ad aiutarlo, ma se saliva sul water poteva arrivarci con un salto, e poi doveva avere la forza di tirarsi su. Doveva aiutarsi con la velocità e la spinta del salto, per forza. Anzi, era meglio se non saliva da fermo sul water ma lo faceva usandolo come trampolino, come fanno quelli del *parkour* per potenziare i salti in alto.

Chiuse gli occhi e visualizzò il movimento che doveva fare, in teoria aveva chiara la dinamica, in pratica non lo sapeva. Meglio non pensare troppo. Si allontanò più che poteva dal water, appoggiato all'altra parete, partì, piede sinistro sul coperchio, spinta in alto e... ce l'aveva fatta, era riuscito ad agguantare la sommità del muro, si tirò su con le braccia quel minimo per permettere alla gamba sinistra di alzarsi e mettere il piede sopra il bordo, fare leva e sdraiarsi con la pancia sul sottile bordo della parete avvicinandosi alla porta. Sì, erano Giò Giò e Dimitri che spingevano con tutta la schiena contro la porta. Non lo avevano notato in alto.

Dimitri sussurrò: «Che fa? Cos'è stato quel rumore?».

«Si sarà pisciato sotto dalla paura...»

Lo disse un po' più forte Giò Giò, come se volesse farsi sentire. Il problema, però, adesso, era un altro: come faceva a scendere? Poteva saltare in silenzio nel bagno accanto, ma poi comunque doveva uscire e affrontarli. E che avrebbe fatto? Sarebbe scoppiata la rissa?

«Voi due, che fate là contro la porta? In classe, forza!»

«Sì, scusi scusi...»

Tutto si svolse in fretta. Dimitri e Giò Giò che se la filavano dopo il rimprovero della signora Concetta, la bidella orco terrore di tutta la scuola, Tomà che saltava dal muro e si preoccupava di pulirsi la felpa dalla polvere, la campanella dell'intervallo che suonò in quel preciso istante, lui che si affrettava a uscire dal bagno per non incontrare nessuno.

E poi, proprio nel corridoio, incontrò Serena.

«Tomà, ma che è successo? Sei stato fuori a lungo, tutto bene?»

«Sì sì...» mentì lui a testa bassa.

«Sicuro? Forse ti ha emozionato il tema della ricerca che vi ho dato?»

«No, no...»

«È successo qualcosa in bagno? Lo sai che con me puoi, anzi, devi parlare, vero, Tomà?»

«Sì, cioè no, non è successo niente, dovevo fare la cacca...»

«Ah, va bene, scusa, non volevo essere invadente... Dai, va bene, goditi l'intervallo».

"Fare la cacca"? Ma come gli era saltato in mente? Voleva sprofondare dalla vergogna. Il problema è che per sfuggire alle persone troppo intelligenti devi raccontargli la balla più credibile del mondo. Certo, a lui pesava dire le bugie, si sentiva come un ladro, ladro di fiducia, ma quel giorno non gli andava proprio di parlare con nessuno, era inverso. L'idea di andare in cortile a giocare con gli altri gli dava ansia, c'erano i soliti gruppetti che facevano "Obbligo o verità?", avrebbe incontrato Giò Giò e più lo evitava meglio era, poteva andare in classe ma magari tornava qualcuno e se lo trovava lì da solo pensava che era proprio uno sfigato. L'unica in quei casi era sottrarsi a ogni occasione di incontro, lasciar passare gli eventi e stare fermo. Essere invisibile agli altri è il modo migliore per evitare i problemi. Tanto poi tutti dimenticano in fretta e passano oltre.

E quando passi oltre non ti accorgi di quello che hai sotto il naso. Fu proprio con questo pensiero in testa che Tomà notò una stanza vicino all'aula di musica dove c'era una specie di esposizione di oggetti vari. Andava avanti da un po' quella cosa, un'associazione o qualcosa del genere raccoglieva fondi per costruire una scuola in Africa, o qualcosa del genere, l'avevano detto le maestre, erano circolati dei volantini un mese o più prima, ma Tomà non aveva visto mai nessuno andare in quella stanza. Potevi acquistare qualche oggetto di antiquariato o potevi vendere un tuo oggetto. Lui non era mai entrato, ma adesso doveva ammazzare il tempo e se non lo vedevano in giro era meglio... Così entrò titubante.

I tavoli erano stati disposti a ferro di cavallo, addossati in doppie file alle pareti. Sopra era esposto un po' di tutto, i resti di vite, di passati di cui le persone si liberano perché hanno perso ogni legame con quegli oggetti. Album di figurine che dovevano essere di vent'anni prima, a giudicare dai giocatori raffigurati. Lampade da tavolo che dovevano appartenere a qualche nonno, a giudicare dallo stile. Uno skateboard di chissà chi, e chissà poi perché voleva liberarsene. E poi, lo sguardo di Tomà si posò su un vaso, semplice e curvo, un po' isolato, blu acquamarina.

«Toh, ma guarda chi si vede... E tu che ci fai qua, Tomà?»

Quella voce, non poteva confondersi, quella voce la conosceva. Dietro una cattedra era seduta la signora Eloisa con un libro in mano. Non ci aveva fatto caso prima.

«Allora? Non fai l'intervallo con i tuoi compagni?»

«No...»

«E perché?»

«Così...»

«Be', è un buon motivo "così"...»

Per questo la fioraia amica di nonna lo metteva in soggezione ma gli stava anche simpatica, dal tono con cui aveva detto "così" si capiva che qualcosa aveva capito, certo non poteva sapere cosa gli era successo, ma a volte non serve conoscere i fatti, certe emozioni sono uguali per tutti anche se causate da motivi diversi.

«Sei venuto qui perché vuoi comprare o donare qualcosa?»

«Non so, ero di passaggio... però mi piace quel vaso lì...»

«Bello, vuoi prenderlo alla mamma per le sue orchidee?»

«Sì, secondo me è più comodo di quello che ha, e poi mi piace perché sembra un cuore capovolto e diviso a metà, blu come il mare...»

Sorrise la signora Eloisa, e quel sorriso sembrava lo stesse giudicando con gentilezza, per questo non gli dispiaceva.

La gentilezza per Tomà era tutto nella vita. Chi urla per comandarti, per sgridarti, per imporre la sua volontà, lui faceva di tutto per evitarlo perché non sapeva rispondere all'aggressività. Aveva capito che diventare grande vuol dire imparare a prenderti quello che vuoi, difendere il tuo spazio, e difenderti da chi col suo spazio invade il tuo.

Lui voleva fare tutto ciò con la gentilezza. E aveva un'idea chiara della gentilezza: tipo ascoltare e non chiedere, prendersi cura e non pretendere, notare i bisogni degli altri prima dei propri. Non prenderti il tuo spazio ma condividerlo.

Le persone gentili, come dire, ti vengono incontro, le riconosci a pelle perché senti che ci tengono a te. Ciccio Ricotta era così. Alex era così, e lo era rimasto, anche se non erano più amici. Anche Elena sembrava così. La mamma era completamente così, in ogni suo gesto, in ogni sua parola. E anche la nonna lo era, sotto sotto, al di là del suo fare burbero e di quel suo accento e il tono con cui sembrava volesse litigare con tutti. E la signora Eloisa era come la nonna.

«Non ci avevo mai fatto caso, ma è vero. E poi è anche di plastica morbida, quindi non si romperà mai. Costa 10 euro. Tu lo sai per quale motivo raccogliamo questi soldi, no?»

«Sì, per una scuola in Africa...»

«Be', l'Africa è immensa, Tomà, e di scuole ce ne sono migliaia di migliaia. Se fai un dono devi sapere a chi lo fai, e a che serve quel dono... La nostra associazione raccoglie fondi da dieci anni per un piccolo villaggio del Darfur. In realtà i nostri soldi non servono solo per una scuola, ma anche per un piccolo ambulatorio, per dei pozzi da cui estrarre l'acqua, per i generatori elettrici. Per tante cose... E sai perché facciamo questa raccolta nelle scuole? E perché la facciamo attraverso questo scambio di oggetti? Perché vorremmo che fosse chiara a voi, che sarete gli adulti di domani, l'importanza dei gesti, anzi delle catene di gesti. Noi, *voi*, siamo tutti abituati a comprare delle cose che non sappiamo da dove arrivano, con dei soldi di cui non capiamo il valore, e quando quella cosa non ci serve più la buttiamo. Ma le cose hanno un valore che va al di là di noi, come i semi da cui nascono sempre nuovi frutti. La natura non spreca nulla, Tomà, ci hai mai pensato?»

Ed Eloisa lo fissò con sguardo indagatore.

«Siamo noi uomini che sprechiamo» riprese poi. «Quando si dice che nulla deve essere sprecato, quasi tutti pensiamo agli oggetti, alla materia e l'energia usati per produrli. Ma non pensiamo al valore che quel qualcosa ha avuto per noi e può avere, trasformandosi, per altri... Se tu non vuoi più tenerti quella collezione di fumetti o figurine, quella lampada o quel vaso... non buttarli, donali, così continui a dargli valore. E se tu sei affascinato da quel vaso, ad esempio, lo compri sapendo che il tuo contributo servirà a delle persone reali per delle cose concrete... come quelle che vedi nelle foto...»

Solo allora Tomà si accorse che alle pareti non c'erano i soliti disegni di scolari o mappe geografiche, ma delle foto che ritraevano bambini e adulti sorridenti davanti a dei banchi, o davanti a una specie di macchinario che forse doveva essere un generatore di corrente, e in ogni foto in basso era scritto quale scuola aveva raccolto i soldi per contribuire a quella cosa ritratta.

«È una catena, Tomà, capisci? In questo modo il vaso che tu vuoi prendere non è solo un vaso, c'è dietro la storia di chi lo ha posseduto e gli è stato affezionato, i perché di chi lo vuole comprare, come il tuo gesto sensibile per la tua mamma, i benefici dell'acquisto che andranno a sconosciuti a migliaia di kilometri, e di cui vedrai i frutti fra un po' di tempo. Ogni gesto – bello o brutto – ha delle conseguenze, Tomà. Ma c'è una bella differenza, i gesti malvagi rendono arida la terra, non le permettono di dare frutti, impediscono al futuro di fiorire, eppure basta un solo gesto buono per far germogliare altri frutti dove prima c'era terra bruciata. La bontà è come la forza generatrice della vita: pensala come un piccolo seme, che anche con poca acqua produce frutti che danno nutrimento ad altri, che a loro volta deporranno i loro semi... Capisci cosa voglio dire, Tomà?»

Lui annuì. Rivide lo scherzo della porta del bagno di poco prima, ed era come se dietro quell'immagine scorressero tutte concentrate le umiliazioni, le cattiverie, i brutti scherzi subiti, e tutte le emozioni violente che lo facevano sentire triste e solo. Ma poi bastava un gesto bello, come la preoccupazione della maestra Serena per lui, o la stupidera senza pensieri di quando ballavano con la Wii lui ed Elena, oppure bastava quell'incontro casuale con la signora Eloisa e la possibilità di dare nuova vita al vaso e di fare una cosa utile per la mamma... e per quei bambini africani che sorridevano felici come se avessero la cosa più bella del mondo... Bastò questa catena di immagini per suggerirgli un pensiero: forse le buone azioni creano una catena di conseguenze più ampia delle brutte azioni. Non ne era sicuro ma gli piaceva quel pensiero, gli dava conforto.

«Allora posso prenotare il vaso per la mamma? Domani porto i soldi...»

«Non hai bisogno di prenotarlo, Tomà, prendilo, te lo avvolgo in questo foglio di carta da pacco, se non ti entra nello zaino, portalo a mano... A proposito, come vanno le orchidee della mamma?»

Tomà fece spallucce. «Così così...»

La mamma si era lamentata che le sue orchidee non erano rigogliose come un tempo e Tomà non sapeva come aiutarla, per questo aveva pensato al vaso. Sapeva che lei aveva delle delusioni al lavoro. Le aveva sentito dire che l'avevano messa nel turno di notte, lei aveva chiesto il cambio per esserci al mattino a colazione con Tomà, ma il suo capo aveva rifiutato senza tanti complimenti. Non sapeva se aveva a che fare con le metafore il fatto che a volte le cose della vita sembrano mandarci dei segnali, dei messaggi che vogliono dire qualcosa di più ampio. Il problema però è che i segnali, ammesso che tu li riconosca, cosa vogliono dire? Se la vita ci manda dei segnali, come quello di un fiore che appassisce, è per dirci cosa? "Rassegnati" o "reagisci"? Cioè, detto meglio: "Tutto sta andando storto, e te lo dice pure un fiore", oppure: "Fai in modo che il fiore a cui tanto tieni non muoia e vedrai che le cose miglioreranno"?

Tomà pensò che il segnale volesse dire proprio questo e che doveva far rivivere le orchidee della mamma a tutti i costi. E poi le cose sarebbero migliorate, per tutti.

I due *Ginkgo biloba* con le prime foglie verdi annunciavano la primavera con un po' di anticipo. Anche se lui preferiva il giallo gioioso delle foglie cadute che formavano un tappeto magico in autunno. L'unico inconveniente era la puzza da pannolino che andava avanti per settimane. La mamma gli aveva spiegato che sono i frutti che quando cadono a terra marciscono ed emettono quella puzza inconfondibile.

"Chissà perché nessuna cosa bella è immune da un risvolto malinconico" pensò Tomà. Come se in natura vita e morte, splendore e marciume, gioia e cupezza non si possano separare.

Quel giorno si sentiva particolarmente inverso. Si sentiva come invisibile, come non gli capitava più da tempo, quando all'uscita da scuola più o meno tutti i compagni si invitavano a casa di qualcun altro e di lui nessuno si curava. Elena non gli aveva chiesto se poteva venire da lui a giocare con la Wii e lui per orgoglio aveva fatto finta di nulla. Forse tutto dipendeva dallo scherzo del bagno, dal fatto che lui non si era fatto vedere all'intervallo, che si era incupito e non aveva parlato con nessuno fino alla fine delle lezioni.

Senza Elena non aveva avuto nemmeno voglia di giocare a *Fortnite* ed era andato al parco, voleva sfogarsi sugli anelli. Però ci si mette sempre la vita a mandarti i suoi segnali. Guarda caso quel giorno al parco mancavano Selim e Aquaman, c'erano altri tizi e lui si era imbarazzato. La nonna lo aveva lasciato ugualmente con Ricky "il Rosso", ma lui si era annoiato subito, aveva fatto due serie agli anelli aiutato da Ricky, e poi si era seduto sulla panchina sotto i *Ginkgo*, a guardare gli altri.

Aveva notato che nella pista da skate, oltre ai soliti ragazzi che conosceva di vista, quelli grandi in età da liceo, c'erano due ragazzini delle medie, uno con uno skate e l'altro con una splendida Bmx nera per il freestyle. Adorava quel tipo di bici, per l'estetica, per la manegevolezza, per quello che potevi farci soprattutto. Tratteneva il respiro ogni volta che vedeva qualcuno che scendeva nella conca al centro della pista e risalendo dall'altro lato riusciva a fare un giro su se stesso nel vuoto. O quando si davano la rincorsa sul lato della parabolica e volavano sopra il bordo. In realtà, lui lo sapeva, quel nodo alla bocca dello stomaco non era solo perché si prefigurava la sfida alla gravità di quelle acrobazie. Era ammirazione per il loro coraggio. Era invidia perché non ce l'aveva lui quel coraggio, non aveva lui quella bici. Era rabbia verso la sua rassegnazione per cui si diceva in cuor suo che non ci avrebbe mai provato, e continuava a guardare e rosicare.

La cosa che stava notando di più in quel momento, era la naturalezza con cui si muovevano quei due ragazzini. Cioè il modo in cui si inserivano nel ritmo degli esercizi degli altri con gli skate. Si capiva che non avevano l'ansia di pensare: "Oddio, quando tocca a me?", non avevano incertezze su dove andare o soggezione verso i ragazzi più grandi. Appena finiva uno arrivava l'altro, dove c'era spazio si infilavano, con un avvicendamento apparentemente caotico ma in realtà in perfetta sincronia.

E lui cosa avrebbe fatto? Già gli sarebbe venuto il panico ad affrontare la ripida conca e ancor di più la curva parabolica. Quindi avrebbe intralciato il passo a qualcuno, perché se perdi l'attimo giusto e parti in ritardo magari ti scontri con chi arriva, spezzi il flusso di tutti. Non sarebbe mai riuscito ad avere la disinvoltura di quel ragazzino in Bmx, o del suo compagno in skate, eppure avevano solo due o tre anni più di lui. E per questo li invidiava da star male, nel senso che proprio lo faceva star male quella specie di paralisi in gola che gli faceva solo pensare: "Non sarò mai come loro, non sarò mai come loro"...

«E che ci fai assittato qua come un pensionato?» Nonna Pro era tornata a prenderlo e lo guardava con il suo sorriso sornione.

«Niente. Andiamo a casa?»

«Che c'è, Tomà?»

«Niente, nonna, non è che ci deve essere sempre qualcosa...»

Si avviarono in silenzio, la nonna lo guardava, e se non parlava voleva dire che si era innervosita, e lui stava a testa bassa, dispiaciuto per quella sua risposta stizzita.

«Ah, guarda che dobbiamo passare dal super a prendere qualcosa...»

«Ok...»

«Ah, e poi dobbiamo anche passare da scuola».

«Ok... come da scuola?!?»

«Ah-a, ma allora sei attento, sembrava che stavi in un altro pianeta!»

Tomà sorrise per lo scherzo e pensò che una nonna come nonna Pro non era facile da trovare.

«Oooh, adesso riconosco mio nipote, finalmente un bel sorriso. E senti un po', come mai oggi non è venuta quella tua compagna, cosa lì, la tua fidanzata?»

«Ma che fidanzata, nonna!»

Tomà si sentì avvampare per la vergogna. Era un'energia forte nel corpo ma diversa dalla paura. Quella ti elettrizza, ti prende alla gola, ti paralizza ma ti rende anche pronto a scattare all'istante. Questa sensazione invece era diversa, scaldava la faccia e illanguidiva le forze, ed era strana perché al contempo sotto sotto ti gratificava – be', la fidanzata è roba da grandi – eppure non riuscivi ad alzare lo sguardo per l'imbarazzo, come se avessi fatto chissà che cosa.

«Non è la mia fidanzata, nonna... smettila!»

«Eh, che permaloso! Alla tua età tuo padre si era già baciato, voi ora passate il tempo coi videogiochi...»

«Veramente?»

Questa non l'aveva mai sentita, non poteva essere una delle solite furbizie della nonna.

«Che certo! A una festa di compleanno aveva dato il suo primo bacio alla compagna di classe che gli piaceva, Valentina si chiamava... me lo ricordo ancora».

«Non lo sapevo! Ma un bacio vero, un bacio in bocca?»

«E che ne so io se bacio in bocca o sulla guancia. Mica c'ero. Guarda questo che impertinente!»

«Ero curioso...»

«E se sei curioso fai pratica, no?»

«Eh sì…»

Tomà sorrise, si girò verso la nonna, era contento per troppi motivi che gli toglievano le parole, perché lei lo trattava da grande, solo nonna Pro poteva spronarlo a baciare, nessun'altra lo avrebbe fatto, e perché aveva scoperto una cosa nuova su papà.

"Quante cose" pensava spesso Tomà "non sappiamo delle persone che amiamo?". Di nonna Pro, ad esempio, sapeva che aveva perso tanti anni prima nonno Frank, che lui non aveva mai conosciuto. Sapeva che aveva cresciuto da sola tre figli, di cui papà era il maggiore. Sapeva che quando tutti i figli erano andati via per lavoro, anche lei aveva lasciato la sua casa e si era trasferita al Nord. Sapeva che non voleva perdere il suo accento e che lo usava apposta per far capire a tutti da dove veniva, perché lei adorava le sue origini. Sapeva che portava un berretto di lana un po' storto perché l'aiutava a combattere la cervicale, e che aveva la fissa per la boxe, oltre a quella per l'opera lirica. Il che ci sta per una signora anziana, ma la boxe, quella è incompatibile con una femmina, invece la nonna ne capiva eccome, e Tomà non aveva mai saputo se era stata lei a trasmettere quella passione a papà o viceversa. Poi, però, quante cose non sapeva? Nemmeno lo sapeva, questo era il guaio. Cosa sapeva di come nonna Pro e nonno Frank si erano conosciuti e amati? Quanti ricordi della giovinezza di papà, di quando era piccolo con i suoi fratelli, non conosceva? Quante cose ignorava del passato di papà e mamma?

Quei pensieri lo portavano troppo lontano… Poi lo vide venirgli incontro.

«Ciao, Tomààà…»

Gio Giò era con altri due che non conosceva. Dovevano essere suoi amici e dal modo in cui sorridevano lui doveva avergli detto qualcosa. Dal tono con cui lo aveva salutato, doveva avergli detto qualcosa, e voleva farglielo capire. E purtroppo lui non riuscì a impedirsi di abbassare lo sguardo, voleva allontanarsi il più in fretta possibile, per sfuggire a quello schiacciamento nel petto, al senso di inferiorità e incapacità che lo mandava in bestia, come quando a *Fortnite* per quanto saltasse, si sforzasse, ci credesse, non riusciva a fare una kill, era sempre in ritardo, sempre più impreciso dell'altro nella mira, impedito come il suo computer. Voleva scappare per la vergogna, con la nonna, con se stesso, con Giò Giò che si capiva da quel "ciao, Tomààà" che si godeva la sua vittoria, si compiaceva per averlo umiliato. E lui niente, lui era ancora chiuso dentro il gabinetto, non aveva la forza di aprire quella porta, di liberarsi. Non riusciva a impedirsi quella paralisi così dolorosa, scattava automatica anche se lui conosceva il copione.

Non pensò niente, non disse niente. Contava solo i passi che lo separavano da quei tre ragazzi, tra poco sarebbe passato tutto, a casa.

«Che c'è, Tomà? Si può sapere perché stai con la coda fra le gambe come un cane bastonato?»

«Niente, nonna, non ti preoccupare...»

«Giovanotto!» Ecco, quando la nonna perdeva l'accento dialettale voleva dire che era arrabbiata, e quando era arrabbiata non la liquidavi con qualche bugia.

«Non mi prendere per scema perché mi dà fastidio, e lo sai. Quello è il tuo compagno, se non sbaglio. Che c'è? Ti ha fatto qualcosa oggi?»

«...Nnnnno, non ho voglia di parlarne».

«E fattela venire 'sta voglia. Non ti posso vedere quando sei così remissivo!»

Il sole era alle spalle mentre tornavano a casa. Tomà notò l'ombra che cominciava ad annidarsi in certi angoli. Non era oscurità vera, e non erano neanche gli spazi aperti dove l'ombra nitida contrasta la luce accesa del tramonto. Erano gli spazi minori, quelli che non hanno bellezza e non importano a nessuno e hanno una luminosità sbiadita, un'ombra che sa di abbandono. Ecco, così si sentiva lui, come un angolo abbandonato e senza luce. Ma soprattutto, dove la luce non poteva arrivare.

«Allora? Voglio sapere, Tomà...»

Essere ombra è un po' come morire. D'un tratto sentì salire le lacrime e pizzicare il naso. Tirò su per contenersi.

«E cosa vuoi sapere, nonna? Già mi sento uno schifo di mio, ti ci metti pure tu a farmi sentire uno schifo? Oggi Giò Giò e Dimitri mi hanno chiuso dentro il bagno e ho dovuto scavalcare il muro. E poi per tutto il giorno mi sono sentito come se non servivo a niente. Ecco, sei contenta? Questo c'è!»

Il silenzio della nonna fu più imbarazzante della sua scarica di rabbia. Poi, quando nonna Pro parlò, per un attimo Tomà quasi non ne riconobbe la voce, così lenta e grave.

«Non sono contenta, Tomà... Come posso essere contenta se il mio sangue soffre? Io non ho la pazienza della mamma, mi arrabbio quando ti vedo che ti dai per vinto, vorrei vederti più reattivo, più sicuro di te, ma di certo non sono contenta... Il punto, Tomà, è fino a quanto sei disposto a soffrire? A un certo punto ti dovrai fermare, dovrai dire "basta". Basta sentirti così, che non servi a niente, come dici tu. Basta permettere agli altri di farti sentire così. È tutta una questione di orgoglio, di amor proprio. Devi permettere al tuo amor proprio di venir fuori, capisci?»

«Eh sì, tanto fra qualche mese la scuola è finita e non se ne parla più...»

«Eh bravo, e poi se vai alle medie con questo spirito e incontri qualche altro stronzetto, che fai? Scappi anche da lì?»

Questo era vero, era il suo pensiero lontano che più lo spaventava, come il cerchio della tempesta di *Fortnite* che prima o poi arriva e sei fritto.

«Ascolta, Tomà, ti voglio raccontare una storia, poi traine tu la lezione che vuoi. È la storia di James Douglas, il primo pugile che ha sconfitto Mike Tyson...»

"Oddio," pensò Tomà, alzando gli occhi al cielo "adesso ricominciamo col pugilato, con le storie di imprese memorabili, di incontri storici che diventano lezioni di vita".

«No, non alzare gli occhi al cielo, senti qua... Tu lo hai sentito nominare Mike Tyson, no? Fra gli anni Ottanta e Novanta è stato il peso massimo più forte, qualcuno dice il pugile più forte di sempre. Comunque era fatto di acciaio, non era umano, e dopo 37 incontri tutti vinti aveva il record di 33 KO, cioè aveva vinto stendendo gli avversari. Tirava cazzotti che sfondavano i muri ed era velocissimo. Per questo tutti lo temevano. In certi casi dopo tre secondi mandava a nanna l'avversario e buonanotte.

«Invece James "Buster" Douglas chi era? Era un pugile minore, aveva una decina d'anni in più di Tyson, aveva cominciato a fare boxe a dieci anni spinto dal padre, che era stato a sua volta un pugile di medio livello. Aveva delle qualità e anche un bel fisico, questo James, ma non era costante negli allenamenti e nelle vittorie, non aveva una grande resistenza, insomma non era diventato il campione che tutti ammiravano. E infatti quando arrivò a sfidare Tyson, nessuno pensava che avrebbe potuto farcela, l'esito era talmente scontato che non si accettavano nemmeno le scommesse. A dirla tutta, non era neanche in splendida forma fisica e mentale, James: gli era morta la mamma da venti giorni, aveva preso un virus qualche giorno prima, ed era solo. Non era venuto a vederlo suo padre, nemmeno la sua ex moglie, insomma sfidava il campione del mondo più forte di tutti i tempi ed era solo come un cane.

«E cosa fa James Buster? Combatte, e combatte bene, intendo, riesce a tenere a distanza quella bestia di Tyson, gli impedisce di scaricare da vicino tutta la sua potenza, e lo colpisce, ai punti sta vincendo lui. Tyson subisce, ha un occhio gonfio, non immaginava che questo sconosciuto potesse riempirlo di cazzotti. Poi però, verso la fine dell'ottava ripresa, Tyson gli dà un cazzotto dal basso tremendo e lo butta a terra. L'arbitro conta con un attimo di ritardo, a 9 secondi James Buster si rialza, ma tutti pensano che se si becca un altro colpo di Tyson è finita. Per fortuna suona la campanella di fine round e può riposarsi un attimo».

«E quindi ha perso?» chiese Tomà con la solita aria di quello spazientito che assumeva in quei casi.

«Calma, fammi finire... Appena ricominciano Tyson pensa sia

ancora intontito e vuole metterlo giù. James avrebbe potuto farsi prendere dalla paura, in fondo stava sfidando un pugile pericolosissimo, dopo tutti i colpi presi era bastato un attimo e Tyson gli aveva fatto vedere quanto era potente, veloce, cattivo. E James cosa fa? Si blocca? Si lascia mettere alle corde? Scappa? No, non solo resiste, addirittura contrattacca, e dopo qualche minuto dà una scarica di colpi, e due e tre e quattro, *bum*, e Tyson è al tappeto. Incredibile!, urlava il telecronista, nessuno poteva crederci, il campione imbattuto era a terra, suonato come una campana che doveva reggersi all'arbitro. Sconfitto!»

«E quindi? Io mica sono un pugile, nonna...» Tomà non voleva darle soddisfazione, era un copione un po' scontato fra loro, lui non amava il combattimento fisico, non riusciva ad accettare di far male a qualcuno, ma doveva ammettere che nonna Pro sapeva proprio raccontare gli incontri di boxe.

«'Spetta un attimo, scimunitu, fammi arrivare alla morale... La boxe è una metafora della vita, Tomà, questo lo capisci, no? Non si finisce mai di "parare colpi", capisci? Subito dopo l'incontro già cominciano le delusioni per James. Il manager di Tyson contesta la vittoria perché dice che l'arbitro ha contato in ritardo dopo che James è caduto. Ci vorranno mesi prima che la vittoria sia convalidata. Di tutti i soldi che sperava di vincere gliene restano pochissimi. Cominciò a ingrassare, e pochi mesi dopo perse il titolo con lo sfidante. Poi scoprì di avere il diabete, era arrivato a pesare 190 chili, ha rischiato pure di morire per colpa del diabete. Ma James Buster anche stavolta si è rialzato. Come per tutta la sua carriera, dopo una bella sconfitta si rimetteva in forma, si caricava di entusiasmo e tornava a vincere...»

«E ha vinto di nuovo?»

«No, è tornato a combattere dopo sei anni, ha vinto e ha perso ma non è diventato più campione del mondo. Però, nel frattempo si è sposato, ha avuto quattro figli, fa l'allenatore come suo padre aveva fatto con lui, insomma ha trovato la sua pace...»

Tomà era un po' incredulo.

«Che? Ma che storia è? Qual è la morale?»

«La morale è doppia. Prima di tutto nessun avversario è invincibile, nessuna situazione irrisolvibile. Mi spiego?»

E nel dirlo nonna Pro accennò con gli occhi alle loro spalle.

«La seconda morale è che devi trovare la tua motivazione per batterti... Sai che diceva un grande pugile, Tomà? Diceva "Nessun uomo al mondo è solo come è solo un pugile sul ring". Il problema non è questo o quel compagno, troverai sempre il rompiscatole, quello che ti vuole sottomettere. Il problema sei tu, e sei da solo con il tuo problema. Certo, la mamma, io, possiamo darti consigli, spronarti, aiutarti a capire... ma poi, alla fin fine, sei tu che devi agire. Oggi quando avete un problema subito i genitori vogliono intervenire: "Ah, parliamo con le maestre... parliamo con i genitori dell'altro bambino", ma ai miei tempi e anche quando era piccolo tuo padre i problemi te li risolvevi da solo.

«Se continui a farti mettere alle corde puoi solo beccarle, puoi proteggerti, sperare di non farti male sul serio, ma non verrai mai fuori dalle situazioni. Non sto parlando di fare a botte, Tomà, sto parlando della vita, delle relazioni con gli altri, del tuo modo di affrontare il combattimento con la vita, capisci? Quando sei alle corde, non hai soluzione, puoi solo incassare. Questo devi capire, non farti mettere alle corde da nessuno, muoviti, studia il problema, prendi le giuste distanze, e soprattutto trova la molla, l'interruttore, la scintilla che faccia scattare la tua voglia di reagire, di non soffrire più.

«Se mi chiedi cosa fa scattare questa decisione di non soffrire più, di agire, non lo so. Il rispetto per te stesso? La fiducia o l'amore verso di te, o per qualcuno di caro? La mamma di James Douglas prima di morire gli aveva detto che era convinta che lui avrebbe battuto Mike Tyson. Cosa ne sapeva lei di pugilato e del reale rapporto di forze fra i due pugili? Niente. Qualunque esperto le avrebbe dato torto. Ma lei aveva fiducia in suo figlio, e lui si è fidato di lei, o meglio la fiducia della mamma è diventata per lui la benzina per macinare pugni e non aver paura di Tyson, che già con la sua sola fama sconfiggeva mentalmente gli avversari... Appena finito l'incontro, un giornalista gli chiese dove aveva trovato la forza per vincere contro tutte le aspettative. E James scoppiò a piangere, dicendo: 'Grazie a mia madre'!

«Hai capito, Tomà? Devi trovare la tua molla, devi dimostrarti quanto vali... E adesso andiamo al supermercato, va', che la mamma ci aspetta...»

Forse il bello del momento estremo del tramonto, quando il sole si sta sciogliendo dietro l'orizzonte, sono le conseguenze della luce.

Mentre guardava questa immagine sul terrazzo del condominio, Tomà era convinto di aver trovato un pensiero davvero importante. Osservando i palazzi davanti a sé, le strade e le aiuole e gli alberi noti, e accorgendosi di come cambiavano aspetto e personalità mentre la luce si ritirava, capì che quando il sole non ti acceca più e per pochi attimi lo puoi guardare, non è tanto la palla infuocata a incantarti per i colori della luce, ma come cambia la Terra con la luce che se ne va.

Adorava quel momento veloce in cui sulla Terra si allungava l'oscurità da un lato e si ritirava il mare di luce dall'altro. Era una via di mezzo in cui tutti gli estremi coincidevano, e anche le emozioni più opposte si fondevano: la malinconia per il senso di abbandono e una gioia inspiegabile perché conservavi ancora la luce. Lui si sentiva debole e forte, vuoto e pieno, e non capiva perché...

«Tomà? Cosa fai qui?, è ora di cena... Tutto bene? Ti abbiamo cercato in casa, sei venuto sul terrazzo senza dire niente?»

Il bello della mamma era che non ti rimproverava mai. Anche quando sembrava farlo in realtà si preoccupava, e nella sua domanda era come se ti dicesse: "Posso fare qualcosa per te?".

«Niente, pensavo...»

«Ah sì? E a cosa?»

La contemplazione del tramonto era troppo difficile da spiegare, anche a se stesso. Ma sullo sfondo delle sue immagini mentali riemergeva un ricordo preciso che lo rendeva leggero e pesante come quella luce.

«Pensavo all'ultima vacanza che abbiamo fatto con papà… Hi, hi, hi, che ridere! Ricordi quando siamo usciti dalla stazione e cercavamo la navetta della Baia del Sole? Abbiamo visto quel furgone nuovissimo, bellissimo, e ci siamo detti 'Wow'… invece poi è partito e dietro c'era quello bianco tutto sgangherato col portellone aperto? Il nostro…»

«Sì sì, e papà aveva detto: 'Baia delle sòle, cominciamo bene…'»

La ridarella di Tomà divenne irrefrenabile.

«E poi papà ha detto: 'Non è meglio se chiudiamo il portellone?' e il tizio che guidava tutto sudato e peloso: 'No, non si preoccupi, così cambia l'aria'. E papà che si aggrappava a ogni curva… Che ridere… E poi quello della reception che sembrava Mr. Bean e faceva tutto lui, e quando tu gli hai chiesto: 'Ma al bar non c'è nessuno?', lui: 'Sì sì, che le serve?' ed è corso a fare i caffè, e poi la sera ce lo siamo ritrovati che faceva l'aiuto pizzaiolo… Che posto!»

«Certo che mi ricordo, noi eravamo gli "extra"!»

«Sì sì, che ridere! Il cameriere che andava nel panico perché noi eravamo gli unici che non avevano fatto la mezza pensione, e ci aveva messo in un tavolino vicino al forno, e aveva detto all'altro cameriere: 'Loro sono gli extra'. Come ti eri arrabbiata tu! E poi a quel bambino ciccione che ci guardava dal tavolo degli antipasti gli hai urlato: 'Che guardi gli extra?!?' con voce isterica, e quello era scappato via…»

La mamma sorrise e gli diede una carezza sulla guancia. Era serena e malinconica mentre ormai del sole non restava quasi più nulla.

«E gli animatori?»

«Ah, sì! Vero!» esplose Tomà. «Quella che faceva l'acquagym sembrava Maga Magò, e poi c'era Johnny, il capo degli animatori che non parlava l'italiano figuriamoci l'inglese, diceva: 'Stasera beby danz', e poi, ti ricordi che non riusciva a dire karaoke? Diceva 'karaoki', papà lo correggeva e lui: 'Sì, grazie, stasera karaoki'… Che risate, davvero! Ah, e poi quella volta che siamo usciti in canoa io e papà! Dal largo abbiamo visto il nostro campeggio triste, senza musica, vecchio, e poi a fianco c'era quello super lusso, con i bungalow che sembravano ville di Hollywood, la pista da ballo dove si ballava anche di giorno, e sopra una piscina da cui scendeva l'acqua come una cascata... Una meraviglia!»

«Sì, e poi abbiamo capito che il furgone che avevamo visto all'arrivo era proprio di quel posto di fianco al nostro!»

«Sembravamo in una puntata dei *Simpson*... Ohi, che ridere!» e si incurvò sul parapetto per gli addominali contratti dalle risate.

Poi tacquero, entrambi. Tomà sospirò, riempiendosi prima i polmoni come volesse far scorta di quell'aria impregnata di ricordi.

«Tomà, vuoi che ceniamo qui, eh? facciamo uno strappo alla regola?»

«Davvero? Si può, non ci sgridano?»

«Cucciolo, chi vuoi che ci sgridi, è il terrazzo condominiale e non facciamo nulla di male. Prendo due panini, il sacco a pelo e ci facciamo una cena sotto le stelle, mamma e figlio, mmh? Ti va?»

La mamma aveva sempre grandi idee, lui le sorrise con gli occhi come se gli avesse regalato una sera al luna park.

Dopo pochi minuti la mamma tornò su con due panini al salame, una bottiglietta d'acqua e il sacco a pelo da una piazza e mezza di quando era fidanzata con papà.

Mentre mangiavano la mamma disse: «Alla nonna toccherà mangiare da sola, ma ci scusa... A proposito, la nonna mi ha raccontato che hai incrociato Giò Giò al ritorno dal parco e cosa ti ha fatto oggi. Vuoi parlarne?».

«Nooo, dai...» Stava così bene, non aveva voglia di rovinarsi la serata.

«Va bene, va bene, non è il caso, capisco. Ma è solo per il fatto del bagno che sei così... *malinconico*, stasera?»

Ecco, malinconico, la mamma sapeva sempre tirar fuori le parole giuste, anche senza saperlo. Forse era malinconia quella specie di mix di nostalgia e leggerezza che si sentiva addosso da tutto il giorno. E sapeva perché.

«Stamattina la maestra ci ha dato una ricerca da fare a casa... dobbiamo spiegare che lavoro fanno i nostri genitori, e se quello che fanno ci ispira su quello che vogliamo fare da grandi...»

«Ah, è questo che ti ha turbato...»

«No... è che mi sono reso conto che...» Non immaginava facesse così male confessare quella verità. «...che comincio a non ricordare più alcune cose di papà. Cioè, alcune immagini le ho chiare in mente come un film, ma poi... non so come dire, è come se mi ricordo alcune scene di un film ma non mi ricordo tutta la storia...»

Si sentiva strano, Tomà. Una parte di lui voleva piangere, perché perdere la memoria del padre voleva dire lasciarlo morire. Un'altra parte si sentiva come la Terra al tramonto, sospesa fra il rimpianto di ciò che è perduto e il sogno di ciò che verrà. Ecco, non ne era sicuro, ma il momento estremo del tramonto che aveva contemplato prima doveva essere l'immagine perfetta della memoria.

«Cucciolo, ti stai confrontando con il problema più grande dell'uomo, la memoria. Non ti devi sentire incompleto, in difetto, o cose del genere. Ti assicuro che riguardo la memoria non è che ci sia tutta questa differenza fra bambini e adulti... Non ti aspettare una soluzione, io non ce l'ho. Quello che posso dirti è che i ricordi vanno coltivati come i fiori, come le orchidee che tengo all'ingresso: sono fiori delicati e bellissimi, che richiedono cura, come la memoria. Se non curiamo il nostro giardino, possono crescere erbacce, o appassire i fiori. Abbiamo due modi per ricordare. Le immagini mentali e le parole. Le immagini sono i nostri fiori. Le parole ci servono per seminare fuori i nostri ricordi o per prendere i semi degli altri e farli fiorire in noi. Tutta la storia che studiamo, ogni romanzo o poesia sono una semina di memoria. Pensaci un attimo, Tomà, come facciamo a capire il mondo? Lo trasformiamo in un grande racconto, un racconto delle vite degli altri, perché la verità, Tomà, è sempre nelle storie. La nostra stessa vita è una storia che ci raccontiamo ogni volta diversa. Tu hai conosciuto papà per quasi sette anni. È normale che, crescendo, alcuni suoi ricordi sbiadiranno e altri acquisteranno un sapore e un colore diversi, perché sarai cambiato tu. Nessun ricordo resterà mai uguale a se stesso, crescono con noi, dipendono dalle nostre emozioni. Ricordi quando guardavi *Cars* e *Il re leone* un giorno sì e uno pure?»

«Già...» Tomà era sdraiato a fissare le poche stelle visibili, piccole punte di spillo nel nero tessuto della notte. «Come mi piacevano quei pomeriggi... sapevo esattamente quello che sarebbe capitato e mi piaceva provare le stesse emozioni, mi sentivo sicuro a rivivere sempre le stesse cose».

«Certo, ma adesso non li guardi più, e quando li ricordi ti vedi piccolo perché adesso conosci emozioni diverse. Adesso, che sai di avere poche immagini tue di papà, vuoi conoscere i dettagli della sua storia... per questo le parole con cui te lo raccontiamo io e la nonna sono importanti. Per questo ci vuole onestà e umiltà nel coltivare il racconto della memoria.

«Quello che devi ricordare sempre di papà è che lui era nato per aiutare gli altri. Davvero. Nonno Frank era il più grande di due sorelle, e quando era morta la sua mamma si era messo a lavorare per aiutare il padre a crescere le figlie. Anche nonna Pro si è sacrificata per la famiglia, ha aiutato il padre per far studiare i fratelli, così alla fine lei non si è laureata. Papà ha assorbito l'esempio dei genitori. E quando nonno Frank è morto, papà si è prodigato per non essere di peso alla nonna, non chiedeva soldi per la macchina o per andare in discoteca, per lui erano frivolezze, sapeva che la nonna doveva badare a tre figli.

«Voleva entrare nella Guardia costiera, essendo uomo di mare, ma quando si è trasferito qui è entrato nei Vigili del Fuoco, il lavoro perfetto per lui. Sacrificarsi per gli altri era la sua natura, così quando la sera... in cui è morto... gli hanno chiesto se poteva sostituire un collega per rispondere a un'emergenza, anche se aveva finito il suo turno... e anche se si trattava di una fuga di gas ed era pericoloso... è andato. Devi ricordarlo per questa sua natura.

La mamma tacque. Tomà poteva sentirne il respiro e pensò non volesse più proseguire. Invece riprese: «Tu non lo sai, ma sei come lui. Devi essere orgoglioso di lui, perché si è fatto da solo, non ha ereditato case o soldi come certi genitori dei tuoi compagni, ha costruito tutto con i suoi sacrifici, come si faceva una volta, diceva lui. Ecco, lui, che era cresciuto con i racconti del nonno Frank sulla miseria dopo la guerra, aveva il culto dei sacrifici. A lui piacevano le storie di chi ha raggiunto grandi traguardi partendo dal nulla. Oppure le storie dei padri che si spaccano la schiena per dare un futuro migliore ai figli... Qui, da noi, di queste storie ce ne sono sempre meno, stiamo troppo bene e non siamo più abituati ai sacrifici, ma in altri Paesi...»

La mamma, notò Tomà, aveva una voce da ragazzina e parlava guardando le stelle, tanto che pensò per un attimo stesse parlando a se stessa, o forse alla sua immagine di papà. Lui la guardava, sdraiato sul sacco a pelo di fianco a lei, e si crogiolava in quel tepore perché era un calore che condividevano. Li faceva sentire uniti.

«Qualche tempo fa ho letto una storia che a tuo padre sarebbe piaciuta da matti... è la storia di Yu Xukang, un umile contadino del Sud della Cina, con un figlio disabile di dodici anni che non può camminare. Il signor Yu è divorziato da nove anni, praticamente ha cresciuto lui il figlio Xiao Qiang. È povero, come mastro Geppetto, non ha l'auto, e in quelle contrade sperdute della Cina non ci sono autobus. Ma il signor Yu vuole che il figlio vada a scuola, perché sa che è bravo, il più bravo della classe, è disposto a fare l'impossibile per farlo andare al college, per fargli avere un futuro migliore del suo. L'unico problema è che la scuola si trova in un villaggio a più di sette kilometri. E quindi cosa fa il signor Yu? Costruisce una cesta di vimini con delle bretelle, la mette sulle spalle e dentro ci infila il figlio Xiao, che è alto più della metà di lui. E poi, con tanta pazienza e una forza d'animo inimmaginabile, ogni giorno percorre più di sette kilometri al mattino per andare a scuola e altri sette per tornare a lavoro. Idem nel pomeriggio per tornare a prendere il figlio. Inimmaginabile, davvero, perché tu riesci ad avere un'idea di cosa vuol dire per un omino piccolo come il signor Yu farsi quasi trenta kilometri al giorno, per sentieri pietrosi e polverosi, tenendo le mani di Xiao, dandosi il ritmo con le sue gambe corte? Quanto impiegherà, quante ore? Non lo so, ma immagino la fatica che cresce a ogni minuto, le gambe che cedono, il rischio di inciampare in un sasso, la sete... E chissà come farà con la pioggia...

«La storia è di qualche anno fa... Aveva fatto il giro del mondo. I giornali inglesi l'avevano definito "l'uomo dell'anno", le autorità cinesi avevano promesso che gli avrebbero dato un auto. Poi non so com'è finita, ce ne sono tante di storie così, di bambini che si alzano all'alba e fanno kilometri per andare a scuola, perché per loro la conoscenza è salvezza. C'è un bellissimo documentario che racconta quattro di queste storie ai quattro angoli del mondo, te lo farò vedere, promesso. Per noi queste sono "storie così", che ci fanno dire "oh, poverini" e basta. Ma se vuoi capire come pensava papà, queste storie di ragazzini eroici e di genitori che compiono imprese da supereroi, lo accendevano di entusiasmo, perché a lui ricordavano nonno Frank e nonna Pro che si erano sacrificati per i fratelli, erano stati i suoi modelli e lui ammirava tutti i genitori del mondo che anche se non hanno niente, dal niente devono tirar fuori qualcosa per i loro figli... Così era lui...»

La mamma non finì la frase, la voce divenne quella di chi sta per scoppiare a piangere, tirò su col naso e si girò leggermente di fianco, forse, pensò Tomà, per non farsi vedere con le lacrime.

Deglutì, si raschiò la gola e tirò su ancora col naso.

«Per cui, tornando al discorso sulla memoria, Tomà, coltiva le immagini che hai di papà, quelle formeranno il tuo film... Ma se vuoi avere un senso generale della sua storia, del film, come dici tu, al di là delle singole scene, allora basati sul racconto che ti facciamo io e la nonna. Certe persone, anche se le abbiamo conosciute poco, le possiamo associare a un'idea generale della loro personalità, ricordarle con un'emozione unica: se, al di là delle immagini di papà che coltivi, vuoi ricordarlo con un'idea generale è quella del sacrificio che richiede un grande coraggio».

Tacque di nuovo la mamma, non aveva mai parlato così tanto di papà, e forse doveva farle male.

Tomà pensò a tutti i suoi racconti, pensò alla ragazzina indiana che aveva portato il padre in bici per 1200 kilometri, al signor Yu e a quante migliaia di kilometri doveva percorrere in un anno, tanti, non aveva voglia di fare il conto, pensò che gli uomini che fanno tanti sacrifici sono come gli animali che lottano contro la natura ostile, pensò alla Terra nel momento estremo del tramonto, tirata da un lato dalla luce e dall'altro dall'oscurità, e non sentiva più quel senso di abbandono nell'ombra che aveva provato per tutto il pomeriggio, anzi gli sembrò che la luce che se ne va consegna la speranza alla notte che la fa fiorire... come la memoria.

Guardò il nero infinito sopra di sé e pensò che non era mai stato sul tetto con la mamma a fare tipo un campeggio in città, e che la mamma sapeva trovare il lato positivo in ogni cosa e si chiedeva come facesse. Avrebbe avuto tutte le ragioni del mondo per essere pessimista e invece sapeva scovare tutte le storie per far apparire la vita una cosa meravigliosa, proprio così, piena di meraviglia... e non sapeva che altro pensare, sentiva questo flusso di pensieri come la corrente di un grande fiume che sfocia in un mare ancor più grande, che era qualcosa come... Era tutto il bene che provava per la mamma.

Voleva dire qualcosa, trovare le parole per far sapere alla mamma di quel fiume dentro di lui e che lei era l'oceano in cui sfociava, ma non gli veniva niente. Disse...

«Mamma...»

«Sì, Tomà?»

«Il papà migliore del mondo, per me, sei tu...»

«Grazie, tesoro!»

Fu un acuto improvviso. La mamma si voltò con le lacrime agli occhi e lo riempì di baci, sulle guance, sugli occhi, sulla fronte, lui sentiva il bagnato sulle guance ed era felice, felice perché la mamma condivideva quella gioia fatta di dolore con lui, felice perché quella fragilità era la loro forza, e gli sembrava assurdo che la felicità facesse rima con fragilità.

«Grazie, Tomà, è il miglior complimento che una mamma possa ricevere... almeno una mamma nella mia situazione».

Quando a furia di tirar su col naso la mamma calmò le lacrime, gli passò una mano sul ciuffo come faceva sempre, seguendo in senso orario la forma del suo viso, e lo guardò con un sorriso ampio e gli occhi luccicanti.

Tomà pensò che la mamma era bellissima, forse le mamme sono un po' innamorate dei figli, e sono così belle perché sono colme di gratitudine.

«Che dici, restiamo sdraiati altri dieci minuti e poi scendiamo? Che sennò la nonna si preoccupa...»

«Sì, ok...»

Entrambi si girarono a guardar le stelle, soli con i propri pensieri. C'è sempre un punto oltre il quale gli altri non possono andare dentro di noi. D'un tratto Tomà si ricordò del documentario degli animali visto su Focus. Quello del bonobo aveva a che fare con i padri, la perdita e la violenza. Ma poi c'era la storia di un branco di scimpanzé che viveva in pace, e c'era questo piccolo che la notte contemplava le stelle mentre la madre era sdraiata al suo fianco e dormiva.

Più o meno come lui in quel momento.

Lui le cingeva il collo con il braccio destro e intanto aveva gli occhioni spalancati a guardare il cielo. "Il bello delle scimmie" pensava Tomà "è che hanno le caratteristiche delle espressioni facciali dei bambini moltiplicate per cento, come un cartone".

Quel piccolo scimpanzé sembrava che con gli occhi si nutrisse di chissà quale bellezza senza parole, in fondo la stessa che provava lui quando guardava le stelle, qualcosa che non si può dire perché non finisce mai. Come luccicavano quegli occhi grandi e primitivi, come vibravano, sembravano dei piccoli specchi dell'universo, e sembrava stessero imparando tutto quello che nessuno potrà mai spiegare sulla vita. E poi, sazio di tanta visione, il piccolo scimpanzé si voltò verso la mamma che dormiva serena, la cinse col braccio sinistro e si addormentò al suo fianco.

È vero, la bellezza del cielo stellato non si sa spiegare, ma le cose alla fin fine sono semplici come l'immagine delle stelle. Come al cucciolo di scimpanzé, la bellezza dà fiducia nella vita. Sì, è vero, non avrebbe più potuto chiudere gli occhi sulla spalla del padre, come era successo al piccolo bonobo. Però, se pensava agli occhi primitivi dello scimpanzé, sentiva che poteva godersi quella sua stessa fiducia nella bellezza della vita, grande come i suoi occhi spalancati.

Darla alla mamma – quella fiducia nella vita – come il più bel dono possibile, e addormentarsi al suo fianco.

APRILE

Il camion della spazzatura

Stranieri, chi siete? Cosa fate nella mia isola?

Faceva proprio un bell'effetto la sua voce amplificata, da adulto, da duro, senza incertezze, uno che incute timore e che non ha timore. Gli piaceva quel megafono.

Siamo viaggiatori!, avevano risposto in coro i compagni.

Viaggiatori?!? E come vi chiamate?

Erano raggruppati in due file, la prima seduta, l'altra in piedi, come nella foto di classe, in basso alla sua sinistra, gli davano le spalle, abbracciati tra loro, incurvati e tremanti. Giò Giò, Alex, Luca e Addi e Amin erano quelli più a destra, ravvicinati per bisbigliare una risposta. Alex si staccò dal gruppo.

Nessuno... Il nostro nome è Nessuno!

Nessuno, che strano nome... Comunque, i viaggiatori sono il mio cibo preferito... Sento la pancia ribollire... e il naso mi dice che siete carni fresche, giovani e teeeenere...

Nooo, in coro tutti spaventati. *Risparmiaci, ciclope, siamo solo di passaggio...*

E dove sareste diretti?

Non sappiamo, cerchiamo un'isola dove diventare grandi, la voce di Sofi, troppo seria. Lara, invece, convincente.

Andiamo verso l'orizzonte, dall'altra parte dell'emisfero.

E poi Iaki: *Sono anni che navighiamo ed esploriamo... e continuiamo ad andare verso l'ignoto per conoscere e imparare tutto.*

Avete le idee confuse, viaggiatori... perdersi nell'ignoto è come annegarci dentro! Povere stupide pecorelle smarrite... quanti anni avete?

Dieci e mezz... Undici... Undici e mezzo.

Provate a ingannarmi?, come risuonava bene la voce adirata col megafono.

No, potente ciclope!, supplicò Iaki. *Siamo solo dei bambini che stanno per entrare alla scuola secondaria...*

Cosa odono le mie orecchie! La scuola secondaria... Ah, ah, ah, è la fine dell'infanzia, piccole pecorelle smarrite. Siete sicuri? Volete cadere in un gorgo senza fondo? Potreste restare qui, invece, al riparo dalle tempeste e dai venti minacciosi... Pensateci, giornate interminabili di compiti, compiti, compiti... Siete sicuri di essere all'altezza?

In effetti ho sentito dire che le maestre sono cattivissime, ti danno un sacco di compiti, disse Vale.

Non sono maestre, sciocca straniera. Dite addio alle maestre, per voi saranno solo prof, dovete alzarvi in piedi, dare del lei, niente più scuse...

E Lara: *Come faremo senza le vecchie maestre? E poi dicono che i prof son delle belve, se non fai i compiti ti mangian vivo...*

Siete dei bambini, ricordatevelo, e senza aiuto non sareste mai capaci. Ah, ah, ah..., gli era venuta bene la risata terrificante. *Dite addio ai vecchi compagni, ai vecchi giochi, tornerete a casa da soli... Grandi pericoli vi attendono!*

E tutti in coro: *Come faremo? Come faremo?*

E poi Elena si staccò dal gruppo e disse, sempre con quel suo tono un po' malinconico: *Se penso al primo giorno di scuola, nel cortile del nuovo istituto, arriverà la direttrice che ci dividerà in classi e... non saremo più con i nostri compagni...*

Subito Carlo con voce frettolosa: Ci *daranno tanti compiti da fare e non potremo più giocare come una volta...*

È vero, ha ragione!, disse Ciccio un po' troppo risoluto. *Io mi fermo qua! Non ci vado alla scuola secondaria!*

Iaki si allontanò dal gruppo: *Ma siete impazziti? Se ci faremo prendere dalle paure ci mangerà...*

Sì, ma cosa possiamo fare? Tanto questo ci mangia lo stesso!, Luca era quello dalla recitazione meno artificiale, doveva riconoscerlo. Parlava come quando era normale, e la differenza con gli altri si notava subito.

Ho un'idea! Lo prenderemo per la gola! Addi rideva, non riusciva a stare serio, e poi, come in un domino, cominciarono a sghignazzare tutti.

Ma è un ciclope! Come facciamo ad assalirlo alla gola?!?

Cos'hai capito? Useremo il mio kebab! Gli mettiamo dentro una pozione che lo farà addormentare... e a quel punto lo accecheremo con lo spiedino!

Gianna e Max "faccia di gomma" presero un manico di scopa e inserirono in cima il rotolo finto. Tomà, nel ricordarlo, notò che rispetto a due anni prima Max si era un po' inciccionito ed era più goffo nei movimenti.

Addi lo impugnò e con aria spaventata: *Ma io sinceramente ho un po' paura!*

Giò Giò glielo strappò di mano con grinta – *Dammi qua!* –, forse troppa grinta perché Tomà pensò che volesse vendicarsi.

Si erano avvicinati in corteo, tutti dietro Giò Giò, a passi esitanti, lui era salito su una delle sedie della piramide, gliel'aveva porto.

Gnam, gnam, gnam, buono questo cibo, stranieri!, disse Tomà, poi si sedette fingendo di addormentarsi e Giò Giò, ricevuto il manico di scopa dai compagni, lo alzò per colpirlo.

E tutti: *Sì, sì, dai!*

Mentre ricordava l'episodio notò che sbagliavano sempre meno, ormai erano avanti nelle prove. La musica che usava Lucia dava un'atmosfera strana, c'erano dei suoni elettronici e poi una specie di battito di cuore che un po' lo inquietava, era il suo battito che accelerava mentre veniva colpito, non gli piaceva esser colpito da Giò Giò, anche se era una recita.

Ma non era questo che lo rendeva ansioso, o che gli dava quella malinconia del tramonto, ecco sì, quello che sentiva era un senso di maliconia, un senso di fine, lo stesso che aveva sentito quando aveva parlato Elena: *Non saremo più con i nostri compagni*. Non era la frase in sé, che ormai conosceva a memoria, ma il tono appena appena triste, sincero, che veniva dal cuore, di lei, non era un tono da recita imparata a memoria, e si sentiva. Quello lo aveva colpito, il tono. Forse anche Elena pensava ciò che pensava lui. Si sarebbero persi con i compagni.

Per quanto quei cinque anni a volte fossero stati dolorosi, per quanto si fosse sentito a volte rifiutato, a volte un alieno, per quanto avesse compreso negli ultimi due anni il peso della solitudine, prima che arrivasse Elena, preferiva lasciarsi cullare dalla certezza sognante del passato, visto come un film che vuoi continuare a rivedere, piuttosto che separarsi da quella certezza e avventurarsi nell'ignoto.

Certi giorni sono così, succedono cose che ti fanno capire d'un tratto che sta finendo una stagione della tua vita. Semplicemente fino a quel momento, a quel fatto, a quella semplice frase, non ci avevi pensato, e dopo che lo pensi tutto cambia.

E ora si sentiva così. Tra poco più di un mese sarebbe finita la scuola, avrebbe dovuto fare le gare di atletica, sarebbe arrivata un'altra estate uguale alle altre, poi avrebbe compiuto undici anni e sarebbe dovuto andare alle medie. E preferiva non pensarci, voleva solo tornare indietro nel tempo, all'inizio del viaggio, non alla fine. Quando cominci qualcosa, gli inizi sono come scatole di promesse da aprire, tipo quando scarti i regali a Natale e senti un'energia per quello che immagini farai, ed è strano perché esplodi di gioia e sei anche leggero. Ma la fine è sempre carica di nostalgia, vedi le cose che non hai fatto e senti il loro peso. E fa male.

E poi ci si era messa anche Serena, dopo l'ora di teatro.

In classe aveva distribuito gli elaborati della ricerca che aveva assegnato sul lavoro dei genitori. Lui aveva preso 10, la mamma sarebbe stata contenta, stava leggendo il giudizio scritto in rosso quando si sentì chiamare dalla maestra.

«Tomà, ti dispiace se leggo il tuo elaborato? Di solito non leggo pubblicamente i compiti dei miei alunni, per non metterli in imbarazzo, ma il tuo è così entusiasmante e ricco di bei pensieri, davvero maturi, che vorrei condividerlo con i tuoi compagni. Ti spiace?»

La richiesta lo aveva paralizzato. No, no che non voleva, soprattutto dopo la litigata con Giò Giò e il fatto che tutta la classe sapeva che la sua mamma faceva la spazzina. Ma come opporsi a Serena? Con un fil di voce disse: «Mi vergogno...».

«Non devi, Tomà, anzi se voglio leggerlo è perché devi esserne orgoglioso e vorrei che tu lo sapessi».

Non c'era nessuna coercizione nella voce di Serena, anzi non l'aveva mai sentita così orgogliosa di lui, il che rendeva mille volte più difficile dirle in qualche modo "no".

«Allora posso, Tomà?»

Lui annuì, un po' perché non aveva coraggio di dire no, e un po' perché... un pizzico di orgoglio per quello che aveva detto Serena ce l'aveva. E la maestra cominciò:

Non posso parlare del lavoro di mio papà perché non c'è più, anche se faceva il pompiere. Mia mamma fa la spazzina, ma non mi va di parlare del suo lavoro perché i miei compagni mi prendono in giro e mi dispiace...

Si udì una brevissima risata, ma Serena perlustrò tutti i banchi con il suo sguardo serio che, da sotto gli occhiali quadrati, non aveva bisogno di essere severo. Serena non urlava mai, o quasi, quando guardava così ti faceva sentire stupido per quello che avevi fatto e tutti si zittivano.

Però c'è una cosa che rende unica la mia mamma. Mi racconta sempre storie del mondo vero, come fa a trovarle non lo so, è più brava della televisione, più brava di internet, legge molti giornali, anche in inglese, ed è bravissima a trovare storie che commuovono.

A me fanno venire Pensieri Importanti, io li chiamo così, perché ti fanno capire cose sulla vita, semplici, chiare, e che non dimentichi più.

Grazie a lei ho capito molte cose sui sacrifici che fanno i genitori per amore dei figli. Poco tempo fa mi ha raccontato la storia del papà migliore del mondo, che non è un signore ricco, potente e famoso. No, è il signor Yu Xukang, un contadino povero della Cina, che ha un figlio di nome Xiao che non può camminare. Padre e figlio vivono da soli, perché la mamma se n'è andata. Il signor Yu vuole un futuro migliore per suo figlio, ma per questo serve la scuola, solo che la scuola è a sette kilometri da casa sua, lui non ha l'auto e non ci sono autobus, taxi, non c'è nulla a parte i piedi. E così il signor Yu ha costruito una cesta e ogni giorno si porta il figlio sulle spalle, poi torna, poi rivà e ritorna, per un totale di trenta kilometri.

Noi non possiamo capire queste cose, perché per me la scuola è a trecento metri da casa, e la fatica non si immagina ma si vive, come dice la mia nonna.

Ci sono tante persone che sanno che il sapere per loro vuol dire un futuro migliore. La mia mamma mi ha fatto vedere un documentario girato da un signore che si chiama Pascal Plisson e si intitola Vado a scuola, *che mi ha fatto un po' piangere e molto pensare.*

Racconta la storia di quattro bambini come me ai quattro angoli del mondo.

Jackson ha dieci anni e vive nel Kenya, per andare a scuola deve fare quindici kilometri in due ore, e deve portarsi il bidone con l'acqua perché a scuola non c'è, e deve alzarsi col buio, e deve stare attento perché nella strada può incontrare elefanti e leoni.

Samuel ha undici anni e vive in India, sul mare, e per andare a scuola deve fare quattro kilometri, ma ci mette un'ora e mezza perché è su una carrozzina e ogni mattina lo aiutano i suoi fratellini spingendolo sulla sabbia, sulle strade, anche nei fiumiciattoli, e io mi sono commosso a vedere i suoi fratellini che fanno una fatica che nemmeno un adulto vorrebbe fare.

Poi c'è Zahira, che ha dodici anni e vive nelle montagne del

Marocco e deve fare ventidue kilometri per andare a scuola, quattro ore solo per andare e altre quattro per tornare.

E l'ultimo bambino è Carlos, di undici anni, che vive nella pianura dell'Argentina con i suoi genitori allevatori, e deve fare diciotto kilometri a cavallo in un'ora e mezza per andare a scuola.

All'inizio ho pensato: poverini questi bambini, sono molto più sfortunati di me, e mi sono vergognato perché nella mia testa invidio quelli che hanno la PS4 e io non ce l'ho. Ma poi, guardando quel documentario, ho capito che loro hanno qualcosa che io non potrò mai avere. Jackson può vedere elefanti e leoni da vicino, mentre io non so se potrò mai fare un safari e vedere quelle terre magnifiche come lui. Carlos può cavalcare libero con la sorellina dietro, come un vero cowboy, mentre io non so se imparerò mai ad andare a cavallo. Zahira non si può dire proprio che è una femminuccia, perché per farsi ventidue kilometri sulle montagne è molto più allenata di me che faccio fatica a fare i 1500 metri ad atletica. E Samuel è circondato da tanto affetto, anche se ha una sedia a rotelle che si rompe sempre, quando arriva lo accoglie tutta la classe per fargli fare gli ultimi metri. E io non ho mai visto tanto affetto per un compagno.

Ma soprattutto quello che loro hanno e io no, è che quando hai un'idea grande, ma proprio la più grande della tua vita, come per loro la scuola, cioè la conoscenza, non ci sono leoni, sete o fatica che ti possono fermare. Diventi molto più forte degli altri. E io voglio avere la loro forza.

Grazie a questo documentario, e alle storie che mi racconta mia mamma, e anche all'esempio del mio papà che è morto per salvare altre persone da una fuga di gas, ho capito cosa voglio fare da grande. Voglio fare quello che si sacrifica per gli altri, che non lo so se è un vero mestiere, forse è un'idea da cui derivano tanti mestieri, come il signor Plisson che ha girato il documentario sui bambini che vanno a scuola e ci ha fatto conoscere la loro storia; come i signori della Guardia costiera che si buttano in mare per salvare gli immigrati che vengono a cercare una vita migliore; come i signori che vanno nei Paesi poveri e aiutano bambini come Samuel ad avere una scuola migliore.

Ci sono tanti modi di sacrificarsi, ma quello che ho capito è che se la tua gioia è pensare al bene degli altri, allora troverai sempre qualcosa di bello da fare. E io voglio fare solo cose belle. Fine.

Serena si aggiustò gli occhiali e con il mignolo si pulì l'angolo esterno dell'occhio sinistro. Tomà ebbe la sensazione che fosse una lacrima. Nessuno parlava, Elena lo guardò, anche Alex lo guardò. Tomà era troppo emozionato per capire quegli sguardi, forse volevano dire: "Ma l'hai scritto tu?". Anche Giò Giò si girò a guardarlo, e per la prima volta non aveva l'aria da presa in giro, e Tomà non sentì un senso di inferiorità e critica, per la prima volta gli apparve solo come un bambino incuriosito e stupito.

«Volevo dirvi, bambini, che conosco questo documentario e ve lo farò vedere nei prossimi giorni» riprese la maestra. «E grazie a Tomà per questa sua bellissima riflessione! Vorrei che voi ci pensaste: a volte dobbiamo andare ai quattro angoli del mondo, grazie a storie come queste, per capire quanto siamo fortunati qui da noi, ma ha ragione Tomà, quei bambini hanno una forza che noi non abbiamo, ed è la forza che deriva dall'avere un sogno, una passione, un bisogno assoluto nella vita. Per loro è il sapere che gli dà la scuola... per voi cosa può essere? Anche per voi dovrebbe essere la conoscenza, solo che voi la date per scontata, se diventa un'abitudine, se pensate che la conoscenza sia solo fare i compiti della scuola, allora sbagliate. Tutto è conoscenza. Anche questa storia è conoscenza. Ecco, questa storia vi insegna che se non date mai nulla per scontato la vita potrà insegnarvi cose meravigliose. Pensateci, va bene?»

Poi, a fine lezione, Serena chiamò Tomà alla cattedra, mentre gli altri uscivano.

«Vorrei mandare un messaggio alla tua mamma, Tomà. Lo posso scrivere nel tuo diario?»

«Ma ho fatto qualcosa di male?»

«Ma no, anzi, mi hai commosso, Tomà! Penso che questa abitudine della tua mamma di trovare storie emozionanti dal mondo possa diventare un progetto educativo, potrebbe venire qui a scuola a leggerne qualcuna alla nostra classe, ma anche ad altre quinte. Che ne dici?»

Tomà sentì come una molla dentro che gli gonfiò il petto. Era orgoglio, soddisfazione, gioia? Le emozioni in fondo non si dividono, sono due-tre in una, e dentro la contentezza per la mamma c'era dentro tutto ciò, l'orgoglio di figlio, la soddisfazione per il riconoscimento di Serena, la gioia all'idea che la sua mamma potesse incantare gli altri come aveva cresciuto lui, così che tutti potessero apprezzarla.

«In effetti ho sempre pensato che potrebbe scrivere un libro!»

«E perché no? Tutto può essere, Tomà! Allora, mi dai il diario?»

Nel pomeriggio, finita atletica, Tomà e la mamma erano nel chiosco davanti al Politecnico. Quando arrivava la bella stagione non tornavano a casa in tram, ma facevano una mezz'oretta di passeggiata, e poiché il campo era praticamente alle spalle della sede principale del Politecnico si fermavano nel baretto in un angolo del grande prato davanti all'edificio di inizi Novecento che era "il tempio della scienza", come diceva la mamma.

A Tomà piaceva quella sosta perché per lui era come un viaggio nel tempo, era bello quel miscuglio di edifici vecchi ed edifici nuovi, pensava ai nonni e bisnonni che avevano frequentato quelle stanze e li paragonava con i tanti ragazzi e ragazze seduti sull'erba a chiacchierare, gli si sovrapponevano nella mente immagini in bianco e nero viste nei libri di signori con la bombetta e il bastone e di signore con la gonna dal sedere alto, e si chiedeva se andassero all'università vestiti così un tempo, e poi guardava i giovani in jeans e magliette, rilassati e con le birre in mano, e pensava a come sarebbe stato lui lì fra dieci anni, perché lui era certo che avrebbe studiato qualcosa di scientifico, e poi guardava la mamma che avrà avuto dieci o quindici anni in più dei ragazzi nel prato, e sembrava una studentessa un po' più grande.

Ma soprattutto gli piaceva rilassarsi guardando tutto questo nell'atmosfera che si prepara al tramonto, perché, aveva capito, più è lontano il passato e più le differenze si notano – fra i signori con la bombetta e i ragazzi c'era una differenza enorme, non così grande fra i ragazzi e la sua mamma – ma nella luce del tramonto tutte le differenze si amalgamano. E da quando la mamma gli aveva dato una definizione di quella sensazione, gli si era fissata nella mente come quei concetti fondamentali che non dimentichi più, perché è come se ti rivelassero un segreto della vita di cui non puoi più fare a meno.

«Tuo padre diceva che per lui guardare il tramonto era come sintonizzarsi su un'emozione precisa e grande che le racchiude tutte. A me piaceva quest'immagine del "sintonizzarsi" perché è come quando nelle vecchie radio giravi la manopola per cercare la frequenza giusta finché non trovavi il canale che cercavi, per il resto era tutto fruscio, gracchiare, rumore, e poi emergevano le voci tanto attese. È proprio così, se ci pensi. Mentre la luce si addolcisce e ti guardi indietro, tutto il rumore di fondo scompare, le cose vanno al loro posto e si mette a fuoco l'emozione giusta che dà un ordine a tutto. Non so se riesco a spiegarmi...»

Eccome, se riusciva a spiegarsi! La mamma lo aveva sempre meravigliato per la capacità di trovare le immagini esatte per dare un nome a quello che gli passava per la testa. Ma quella del sintonizzarsi sulla giusta frequenza era la spiegazione più magica che gli avesse mai dato. Anche per lui al tramonto le cose si mettevano al loro posto, nulla era più così grave e doloroso e quello che nel passato lo aveva fatto soffrire a ripensarlo gli dava pace. Così si sentiva col suo succo di frutta, in pace, di fronte alla mamma sorridente e bella, seduta sull'erba.

«Volevo dirti, mamma, che quando torniamo a casa devo farti leggere un messaggio di Serena che mi ha scritto sul diario...»

«Ma certo... È successo qualcos'altro con Giò Giò?»

«No, no... Siccome oggi ha letto il mio tema dove parlavo del documentario che mi hai fatto vedere, quello dei bambini che vanno a scuola... a lei è piaciuto tanto e dice che vorrebbe che tu leggessi le tue storie alla mia classe o alle altre classi...»

La mamma ebbe un sussulto di sorpresa.

«Be', mi sembra una bella notizia, così potrò vedere se le mie storie piacciono davvero ai ragazzi... E tu? Sei stato contento che la maestra Serena abbia letto il tuo tema? Vuol dire che le è piaciuto tanto, no?»

«Io sì, cioè... un po' mi vergognavo...» e lì Tomà si bloccò, perché come faceva a dirle che nel tema aveva scritto che si vergognava del lavoro della sua mamma? Solo che le cose che ti fanno star male tendono naturalmente a trovare una valvola di sfogo, perché se te le tieni dentro ti fanno ancora più male. Questo aveva imparato negli anni, parlando con la mamma dei suoi problemi. È solo questione di trovare il coraggio di "stappare la bottiglia", fare il primo passo doloroso di cominciare a liberarsi... poi il resto viene molto più facile. Quello che gli chiudeva lo stomaco era il suo conflitto fra il desiderio di difendere la mamma dalle offese, il fatto che lui si sentisse umiliato per il lavoro che faceva ma che si vergognava a dirglielo per non offenderla.

«Che c'è, Tomà? C'è qualcosa che ti turba?»

"Ti credo che la mamma fiuta qualcosa, se stai a fissare il bicchiere di succo di frutta ed eviti di guardarla negli occhi" notò tra sé.

«No... è che volevo dirti che io... non ho litigato con Giò Giò, è stato lui che mi ha insultato, cioè ha offeso te perché diceva che puzzi perché fai la spazzina, e che non mi puoi comprare la Play perché non fai un lavoro da ricchi... e... e poi gli altri ridevano, e poi lui mi ha fatto cadere l'astuccio e mi ha rotto il temperamatite, e io non ne potevo più, sentivo dentro una rabbia... perché offendeva te, ma la verità è che mi vergognavo... perché... è vero che tu raccogli i rifiuti e non abbiamo tanti soldi... e fa male sentirselo dire, e che gli altri si devono sentire superiori e... però non è giusto che lui mi deve umiliare e che deve offendere la mia mamma, perché lui non sa niente della nostra vita e di quello che mi insegni e di quanto vali e... e non è giusto, e quindi non ci ho visto più dalla rabbia e l'ho spinto e ho urlato 'Basta!', e lui mi ha graffiato il collo ed era pronto a farmi male, ma anche io gli avrei dato le botte, non m'importava se poi prendevo la nota, e anche se mi veniva da piangere, ma non sarei scappato, non gliel'avrei fatta passare liscia...»

Poi si fermò Tomà, perché gli occhi gli si inumidirono. E guardò la mamma, e nella sua testa voleva chiederle scusa per essersi vergognato.

Lei lo fissò, e poi sorrise di quella dolcezza che calmava sempre Tomà.

«Tomà, stai crescendo... forse non te ne accorgi, ma stai maturando. Era ora che tu reagissi, che non ti tenessi tutto dentro, e non ti preoccupare se ti vergogni, è normale, così come è normale che ti vergogni del fatto che ti vergogni del lavoro di tua madre... Ma hai detto bene tu, lui non sa niente della nostra vita e di quello che sai tu. Non lo sa perché non è *abituato* a guardare le vite degli altri e a imparare da loro. Io cerco di farti capire che il mondo è molto più vario, complesso, difficile e bello di quello che vedi vicino a te. È un po' come... Ti ricordi quella volta che siamo andati con papà in quel rifugio di montagna, quando hai preso per la prima volta la seggiovia?»

«Sì, era una vita che non ci pensavo più...»

«Ecco, ti ricordi che quando siamo arrivati sulla terrazza c'era quel binocolo panoramico e tu volevi i due euro per usarlo? E però volevi anche le patatine? Papà cosa ti ha detto? 'Scegli. Qua ci sono i due euro: vuoi comprarti il pacchetto di patatine o vuoi guardare con il binocolo le altre cime innevate e scoprire cosa c'è laggiù?'... E tu hai scelto di guardare le cime lontane. Noi ti abbiamo sempre insegnato a scegliere, a scoprire che laggiù il mondo non è come qua... Se invece sei abituato a vedere solo qui, i tuoi giochi, le tue vacanze, quelli come te, non sei libero di scegliere di guardare oltre, non ci pensi nemmeno. Ecco perché Giò Giò non ti capisce e ti prende in giro... Non è abituato a confrontarsi con ciò che è diverso da lui, e tu *sei* diverso da lui, capisci?»

Lo capiva, certo, ma la cosa che notò con stupore è che non gli importava più tanto di Giò Giò e di sentire discorsi su come affrontarlo o su come non sentirsi inferiore a lui. Forse davvero stava crescendo e quella sensazione ne era la prova. Ma se era così, crescere è davvero una figata perché ti senti molto più forte. La verità era che Giò Giò era solo un bambino, che lo tormentava a volte, è vero, ma che aveva molto meno coraggio dei bambini del documentario.

«Però, sai, mamma, cambiando discorso, secondo me è un po' un segno del destino che tu guidi un camion della spazzatura...»

«In che senso?»

«Ehm... cioè, perché è il primo regalo che ricordo, era il mio gioco preferito di quando ero all'asilo. Beeello, tutto verde, si poteva prendere il cassonetto da dietro e svuotarlo come i camion veri... Per tanti anni ho sognato di guidarlo davvero... anche i primi anni delle elementari».

«Me lo ricordo, certo. Al mattino presto quando sentivi che svuotavano il vetro trotterellavi alla finestra e restavi a guardare finché non se ne andavano. E come li aspettavi i netturbini! Che tenero che eri...»

«Adesso non ci gioco più. Ci penso, ma ormai tutti usano i videogiochi. Però non lo voglio buttare, voglio che resti lì sulla libreria a ricordarmi quando c'era papà...»

Tomà sentì che stava per scoppiare a piangere, ma riuscì a trattenersi. E questo non gli era mai successo. "Forse" pensò "crescere vuol dire anche saper frenare le lacrime". Occhi lucidi ma senza pianto. Malinconia ma non tristezza. Così si sentiva mentre ricordava l'immagine di sé nella cameretta quando giocava con il trenino che sfrecciava con le luci accese. Quando veniva Alex, quando c'era papà. Notò che in fondo lo stesso ricordare la felicità è una forma di felicità.

«Mamma, ma tu... cioè come fai...» esitò, non sapeva mettere a fuoco il pensiero. «Cioè, come fai a sopportare... non ti manca tanto papà?»

La mamma lo guardò, sempre col suo sorriso dolce, ma per la prima volta ebbe la sensazione che... forse lo guardava da adulto? Lei tirò su col naso mentre sembrava cercare le parole.

«Dirti che mi manca sarebbe ovvio, Tomà, ma tu forse volevi sapere come faccio a sopportare l'ingiustizia della morte, la sua assenza, il dover vivere senza di lui?»

«Eh sì, esatto...»

«Non ho una risposta, cucciolo. E non credere che noi adulti siamo più preparati ad affrontare la morte rispetto a voi bambini...» Si fermò, la mamma, a fissare la luce, poi aprì la bocca come se avesse trovato qualcosa. «Ecco, te lo spiego così! Hai presente il Big Bang, l'esplosione da cui è nato l'universo? Ecco, sono passati quattordici miliardi di anni, sono nate le stelle e siamo arrivati noi, ma l'universo ancora si espande a partire dalla materia e l'energia concentrata in un punto solo prima dell'esplosione. La morte di una persona che amiamo è un po' uguale. Noi andremo avanti, tu crescerai, faremo esperienze e scopriremo tante emozioni diverse, ma anche se ci allontaneremo sempre di più dal momento in cui è morto papà, continueremo a espanderci a partire dalla materia e l'energia di tutti i ricordi e le emozioni che abbiamo vissuto con lui. Ti piace questa spiegazione? Mi è venuta in mente adesso ma credo che l'immagine sia appropriata...»

«Sì che mi piace, mamma, adoro le tue spiegazioni... come racconti le cose... Anche papà era così bravo?»

«Lui, diciamo... cercava frasi più concentrate. Lui amava gli *haiku* giapponesi, cioè delle poesie molto brevi con un'unica immagine che dice tante cose... Era fissato con il codice d'onore dei samurai, la cura del corpo e la purezza della mente. Be', a volte aveva idee per me strampalate, come quando a quattro anni ha deciso di farti vedere *L'ultimo samurai* con Tom Cruise, e tu ti sei messo a piangere».

«Sì, me lo ricordo!» Tomà spalancò gli occhi sorridenti. «Ancora ho in mente la scena della cavalcata dei samurai nel bosco, con quelle maschere bruttissime e cattive!»

Il sorriso della mamma divenne quasi una risata. «Sì, era fatto così papà, ti trattava come un adulto già a quattro anni e si è stupito che quelle maschere e tutti quegli ammazzamenti con la spada ti potessero spaventare a morte...»

Mentre sorrideva, la mamma gli strinse le mani e quel contatto voleva dire tante cose, tipo: "Adesso siamo in due a condividere questi ricordi" e anche: "Condividere ci rende migliori", e forse altro che nemmeno i pensieri capivano.

Però, ora Tomà sapeva che papà non sarebbe più tornato. Ma continuava a volte a guardare quel camion della spazzatura sulla libreria. Perché certe volte gli oggetti sembrano custodi del passato per conto proprio. Noi possiamo anche cambiare o avere le idee confuse, ma loro è come se conservassero il sapore delle persone con cui li abbiamo condivisi. Ci sono le foto che conservano le immagini. Ci sono gli audio che ci riportano le voci amate. E ci sono gli oggetti che custodiscono l'emozione di un certo periodo, fanno vivere la spazio che abbiamo vissuto, più delle immagini e dei suoni.

Pioveva. E adesso?

Erano usciti dalla piscina comunale. Questa scena l'aveva già vissuta, lo sapeva. Ma quando? Era il suo primo acquazzone autunnale.

E loro erano senza ombrello.

E lui aveva paura, tanta. Ma la mamma gli diceva: «Goditi l'acqua! Cammina a faccia in su e apri la bocca». Forse aveva detto qualcosa tipo: «Bevi le lacrime di gioia del cielo». Ma non ne era sicuro. Però era sicuro che aveva paura di bagnarsi, e dei fulmini.

E perché la mamma sorrideva e gli diceva di bersi la pioggia anziché essere preoccupata?

Non capiva se era un ricordo o un sogno. Però le pozzanghere le ricordava, come in Peppa Pig*! E lui aveva le galosce. Poi aveva cominciato a sentire i goccioloni, sempre più fitti, sempre più fitti...*

E poi? Cosa aveva fatto? La lingua, forse aveva tirato fuori la lingua e piegato la testa indietro? Sì, ora si rivedeva, la mamma gli aveva detto: «Vai, Tomà, non ti succede niente! Al massimo la pioggia ti lava! Bevila!». E lui aveva esitato. "Perché la mamma mi dice di fare una cosa contro le sue stesse regole?" Era successo prima o dopo di papà? Se n'erano andati assieme, mano nella mano, pestando le pozzanghere e bevendo la pioggia. Sì, era successo, doveva avere sei anni o cinque, papà c'era ancora, e lui era felice, era libero, incredulo che potesse infrangere tutte le regole, che la mamma cantasse con lui, la pioggia non lo spaventava, era una carezza benedetta. Solo che lui era piccolo, l'aveva dimenticato e nel sogno era diventato un incubo.

Ma adesso sapeva che era successo davvero, ricordava vagamente quella gioia bagnata, come se nel sogno si fosse svegliato dal sogno capì che non era la paura della pioggia ad angosciarlo, ma quella di perdere la gioia, perché non era cosa per lui, era contro le regole della vita, era folle, e la gioia non può essere folle...

Si svegliò.

Ancora quel sogno, che poi era una specie di ricordo camuffato da sogno. Adesso che cercava di recuperarlo, quel pomeriggio al ritorno dalla piscina, gli sembrava il ricordo di un sogno, invece quando dormiva era più vero della realtà. Aveva la bocca asciutta e gli scappava appena la pipì. Si alzò per andare in bagno, non sapeva se era notte fonda o sera tardi... però dalla cucina sulla destra usciva la luce, mentre il soggiorno era al buio. Chi c'era in cucina? Era quasi alla porta quando sentì una voce leggera che parlava a mezzo volume, sottovoce.

«...pensa ogni bene di Tomà, dice che è il bambino più sensibile della classe e che le dispiace di non aver capito che soffriva così tanto per gli sfottò di qualche compagno...»

Era la mamma, e stava parlando di lui. Si fermò, indeciso su cosa fare: entrare in cucina per prendere l'acqua dal frigo? Tornare a dormire? O restare ad ascoltare? E se lo scoprivano? Come ci sarebbe rimasta la mamma? Intanto tendeva l'orecchio e si irrigidì sperando di non fare il minimo rumore.

«Mi ha detto che lo spettacolo teatrale che stanno preparando per fine anno servirà proprio a questo, a far superare barriere e incomprensioni, a rompere i ruoli che si sono creati in classe... Ecco perché a lui fa fare Polifemo...»

Si stava riferendo a Serena, quindi la mamma doveva essere andata a trovarla e si erano parlate, non solo delle favole ma anche di lui. Quindi il ruolo di Polifemo? infatti gli sembrava strano che quell'anno avesse un ruolo così "da cattivo"... Quindi la maestra sapeva che lui non andava d'accordo con alcuni della classe...

«Però 'stu carusiddu deve imparare a difendersi. Tu lo sai che io gli farei fare un corso di judo o di pugilato. Quando l'ho visto che abbassava lo sguardo davanti a quei fitusazzi fuori dal parco, non ci ho visto più, guarda! Va bene essere sensibile ma ogni tanto un cazzuttuni ci vuole...»

«Nonna no, a Tomà non piacciono gli sport di contatto, lo sai, ne abbiamo parlato. Non può essere quello che non è... Lui... è un po' come una tartaruga, ha bisogno di sentirsi protetto, solo quando è strasicuro viene fuori dal guscio».

Forse non doveva stare lì, non era bello ascoltare di nascosto. Ma la mamma stava parlando di lui, e provava un batticuore misterioso nel sentire cosa lei pensasse di lui al di là di quello che gli diceva di solito. E ormai era così curioso che non voleva più tornare a letto.

«...dobbiamo dargli tempo. Vorrei solo che trovasse il coraggio di osare, che non rinunciasse subito, che avesse più fiducia nelle sue qualità... Io pensavo che con l'atletica, insomma ci sto provando, so che la corsa gli piace perché si sente libero quando corre, gli ricorda quando correva da piccolino, almeno così credevo, fino all'anno scorso... Solo che adesso lo demoralizza il confronto, lui rifugge il confronto, non accetta il fatto che crescere vuol dire confrontarsi o anche scontrarsi con gli altri... Lo so, nonna, che non basta che sia un bambino sensibile, deve essere anche forte, ma dobbiamo dargli tempo, io lo vedo che sta cambiando, soprattutto dopo che ha litigato con Giò Giò e gli è venuta fuori l'aggressività... Se ci pensi, quando va al parco fa degli esercizi agli anelli che per un bambino di dieci anni sono sorprendenti, ma lui non lo sa, quello per lui è uno svago a cui è abituato, lì si sente a casa con i ragazzi, ma quando deve sfidare gli altri coetanei si blocca, non ha fiducia in sé e non ci prova nemmeno... Lo vedo quando corre ad atletica, fa il minimo sindacale, poi quando passa sotto gli spalti mi guarda per avere la mia approvazione, ma è come se di più non osasse... e io concretamente non so che consigli dargli sul piano atletico, ci voleva il papà in questo caso... Ho sempre sognato che sarebbero andati a correre al parco i miei due ometti... e il padre gli avrebbe insegnato a superare i suoi limiti...»

Poi la mamma tacque, e gli occhi di Tomà divennero caldi e umidi, e non era il sonno. È incredibile come i silenzi o una micro incrinatura della voce dicano più di mille parole. A stringergli la gola non era la malinconia per l'immagine di lui e papà al parco, era il dolore per quella sofferenza della mamma che aveva scoperto per caso, ed era la scoperta che quella sofferenza dipendeva da lui, da quello che lui non era o non era diventato.

In un attimo gli fu chiaro un Pensiero Importante completo e forte: non siamo solo noi figli ad aver paura... di crescere, di affrontare cose nuove, di uscire dal guscio. Anche gli adulti hanno le stesse paure, di sbagliare, di non fare la cosa giusta... Ma la loro paura più grande, quella che noi scambiamo per giudizio, è di non saperci aiutare a superare le nostre paure.

«Sciao, Tomà! Sciao, belo!» Selim lo salutò dandogli il cinque come sempre e Tomà notò che dalla canotta sporgevano i muscoli così lucidi che sembravano oliati.

«Posso chiedervi un favore? A tutti...»

«Uuuh cose serie, raga, venite!» chiamò Selim e tutti si avvicinarono, Aquaman, Ricky "il Rosso" e Vassili che quel giorno c'era.

«Mi insegnate a correre? Fra un mese ho le gare finali di atletica, non mi sono mai allenato seriamente e faccio schifo. Ma voglio vincere una gara, lo voglio fare per mia mamma...»

«Ah, quindi è una sorpresa per la mamma? Loro lo sanno?» chiese col suo vocione Aquaman.

«No, è un patto fra voi e me, non lo deve sapere né la mamma né la nonna, ok?»

«Ok, ometto, un patto fra uomini, chi ci sta?» fece Aquaman.

«Tutti, bro! Scherzi? Per Tomà questo e altro» disse Vassili mettendogli una mano sulla spalla.

«Ti imparo io, Tomà, sce Selim, tranquillo!»

«Ti *insegno* io! Quando imparerai a parlare corretto, caprone!» Aquaman non perdeva mai occasione per sfottere scherzosamente Selim, erano uno spasso quei due.

«Tu sei rassista!»

«*Razzista,* con la zeta». Poi con un balzo Aquaman cinse il collo di Selim e lo piegò verso la sua ascella grattandogli i capelli con l'altra mano. «Vieni qua, te lo do io il razzismo, ti faccio lo shampoo...»

«Che schifo, ti pussa l'ascella!» protestò Selim ridendo.

«Ma quale puzza?, questo è odore di vero maschio».

«Ma quand'è che crescete voi due?» disse il Rosso e si piegò verso Tomà mentre i due si separavano e tornavano seri. «E che gara vuoi vincere?»

«Non lo so, mi piacerebbe i 100 metri ma c'è gente molto veloce. Oppure i 400, o i 1500...»

«Non hai le idee molto chiare! Però mi piace, abbiamo meno di un mese ma mi piacciono le idee folli. Si può fare».

Il patto fu sancito con cinque mani una sopra l'altra. Sarebbe andato al parco tutti i pomeriggi tranne quando aveva atletica. Mamma e nonna non avrebbero sospettato nulla perché bastava che era con "i ragazzi" e per loro andava bene.

Il resto dipendeva solo dal crederci.

MAGGIO

L'ultimo samurai

«Allora, bambini, approfittiamo del viaggio in treno così mi raccontate cosa avete fatto nel vostro "giorno da adulti"?»

Mentre gli altri si guardavano un attimo come a chiedersi: "Chi parla per primo?", Ciccio alzò la mano: «Io, io, io...» e, prima che Serena potesse dirgli qualcosa, cominciò: «Io sono andato al commissariato di polizia... e c'erano, c'erano, in cortile c'erano le moto con le sirene, ma la cosa più bella era la volante, ci hanno fatto entrare uno alla volta, ho visto tutti i comandi e la radio, e poi ho suonato la sirena, sai? E poi ho chiesto al poliziotto se si poteva sparare come nei film nel tirassegno e lui mi ha detto no...».

«Be', Francesco, è normale che non facciano sparare a bambini di dieci anni...» Com'era gentile con Ciccio Serena, notò Tomà, sempre pacata, sempre paziente.

«Sì, però io, io so sparare con il Nerf, ho un'ottima mira...»

«Ma mica è la stessa cosa i Nerf con le pistole vere, pistola!»

Raggruppati nel sedile dietro, Luca con Alex, Giò Giò e Dimitri ridacchiavano per la battuta di Luca. Ma Ciccio non se la prendeva mai, a meno che non fosse un'offesa troppo esplicita.

«E poi, altri?» esortò Serena.

«Io ho fatto l'assistente dentista...» disse Aria e raccontò in pochi secondi.

Era l'ultima occasione di festa prima della fine dell'anno, quel "giorno da adulti". Non sapeva chi l'aveva inventato, ma di sicuro c'entrava l'associazione dei genitori che ogni anno organizzava aste e feste danzanti per raccogliere fondi per la scuola. Però era una gran bella idea. Negozi, studi di dentisti, architetti della zona, e quell'anno anche la polizia, permettevano agli studenti che si iscrivevano di vivere per alcune ore l'esperienza di essere adulti e fare quel determinato mestiere: qualcuno era andato in gioielleria, altri in panetteria, chi in uno studio di design a usare i computer con le animazioni 3D, lui l'anno prima era andato a fare l'aiuto commesso in un negozio di giocattoli, e l'anno prima ancora in un negozio di animali, e poi... non ricordava più bene. Era un divertimento per tutti, perché saltavi la scuola e facevi cose che ti facevano sentire grande, ma come un gioco.

E Tomà quest'anno aveva fatto qualcosa di incredibile. Parlò senza rendersene conto: «Io sono andato sul camion della spazzatura con mia mamma...».

Tutti si girarono a guardarlo. Silenzio.

«Ma non c'era nell'elenco delle attività organizzate...» Fu Lara a dirlo con la sua voce pacata un po' da prima della classe, quella che non vuole offendere ma vuole essere precisa e se una cosa non torna lo dice. «Com'è possibile?»

«Infatti! Che balle racconti?!?» Luca faceva sempre così, sin dalla materna, usava l'insulto alzando la voce come per richiamare l'attenzione degli altri. «Se non è organizzato mica puoi fare quello che piace a te!!!»

«Ma io l'ho fatto veramente...» Tomà rispose con grinta, e mentre finiva di dirlo pensò che non era da lui quella grinta, ma anche che non avrebbe dovuto dire dell'uscita con la mamma.

«Va bene, bambini, calmiamoci... E tu, Luca, abbassa i toni! Se tua mamma te l'ha permesso, Tomà, vuol dire che si poteva fare, va bene?» Serena lo guardò con un leggerissimo sorriso, che Tomà pensò volesse dire: "Non preoccuparti". «E allora raccontaci...»

Non avrebbe dovuto raccontarlo, perché la mamma a un certo punto gliel'aveva detto: «Questa cosa, Tomà, tienila per te, non c'è bisogno che lo dici in giro che ti ho portato sull'autocompattatore, ok?». Ma si era dimenticato, preso dall'emozione.

La mamma gliel'aveva promesso, quel giorno, al tramonto, quando avevano parlato del camion dei rifiuti al Politecnico, alla fine gli aveva detto: «Ti prometto, cucciolo, che ti ci porto sul camion della spazzatura...».

E lui aveva sgranato gli occhi. «Davvero?»

«Sì, dammi qualche giorno che mi organizzo e ti faccio vivere il tuo sogno di quando avevi cinque anni... Fosse l'ultima cosa che faccio in questo lavoro» aveva aggiunto.

L'aveva promesso e c'era riuscita, perché una settimana dopo, guarda caso la stessa notte del "giorno da adulti", il venerdì della settimana prima, gli aveva detto: «Stanotte alle quattro passo, la nonna ti verrà a svegliare, tu scendi e mi trovi di fronte al portone...».

Era tutto un po' misterioso ed elettrizzante, tipo partire nel cuore della notte per fare il viaggio che aveva sempre sognato. E non si era mai alzato a quell'ora. Quando la nonna era venuta a svegliarlo, Tomà si era tirato su di scatto, non aveva nemmeno sonno, era eccitatissimo.

Aveva sceso le scale a due a due, era corso in strada e se l'era trovato davanti, bello, con la cabina di comando verde e le sirene arancioni, e la parte posteriore dove c'era il braccio metallico che svuotava i cassonetti.

«Tomà, ciao, io sono Alfio...» gli si era avvicinato un tizio col giubbotto catarifrangente giallo e l'accento simile alla nonna. «Ti aiuto a salire dalla mamma, vieni...»

La mamma dal finestrino gli aveva fatto segno di salire, lui si era avvicinato al predellino, Alfio lo aveva issato ed era entrato dentro la cabina. Non aveva mai visto la strada dall'alto, guardava sopra il tetto delle auto, gli mancava il fiato a vedere come dentro la cabina tutto fosse più grande e bello di quanto poteva immaginare.

«Il cambio aveva otto marce, l'ho notato subito».

«Otto? Io sapevo che le macchine arrivano fino a sei, ma otto, che figo!» Era Giò Giò che si stupiva e Tomà non riusciva a crederci che non lo sfottesse affatto e anzi lo ascoltasse interessato.

«Sì, e poi c'erano tre sedili che erano super molleggiati...»

Lui cercava di raccontare tutti i dettagli. Ma quello che non riusciva a dire era ancora nei suoi occhi, le luci della notte, l'emozione di essere in giro quando tutti dormivano, quella sensazione di fare una cosa un po' segreta.

Appena partiti, il rumore del motore dava proprio l'idea della potenza, la mamma gli aveva spiegato i comandi, il fatto che andava a metano per inquinare meno, il giro che avrebbero seguito, breve ovviamente, perché non poteva portarlo con sé fino al deposito dei camion.

Poi raccontò di Alfio, che veniva dal Sud e si era trasferito per lavorare e mettere da parte i soldi per sposarsi. E poi l'altro collega, Ahmed, che veniva dai monti dell'Atlante e aveva un figlio grande come lui. E dov'era l'Atlante? Era lo stesso posto dove viveva Zahira, la bambina di dodici anni del documentario *Vado a scuola* che faceva ventidue kilometri al giorno per arrivare in classe. Tutto ciò rendeva magica quella notte: il documentario si mescolava con la realtà, Zahira era reale come Ahmed, il cruscotto nero che da piccolo vedeva dentro il camion giocattolo, e non sapeva com'era fatto, adesso era lì davanti a lui, con lo sterzo, tutti i pulsanti e le luci dei comandi, e lui che da piccolo amava usare il suo camion per "giocare alla città" con papà, adesso andava in giro con la mamma di notte su un vero autocompattatore.

«È stato bellissimo...» disse ancora con le luci della notte negli occhi. «Ho visto il bar che apriva, e anche l'edicolante a cui arrivavano i giornali, e poi non incrociare nessuno sui marciapiedi è strano, un po' fa paura e un po'... è bello...»

«Tipo *Fortnite*?!?» disse Iaki come se chiedesse.

«Così così, non c'è la stessa luce».

«Nooo, tipo notte degli zombie...» fece Luca col suo solito tono "attira-attenzione".

«Cavoli, Tomà, guidare un camion della spazzatura è sempre stato il mio sogno da quand'ero piccolo... Che figata!» Poi Giò Giò arrossì, forse temeva che la maestra lo sgridasse perché "figata" non si dice, ma Serena sorrideva contenta, guardava Tomà velocemente e anche lui faceva lo stesso, non riusciva a credere che stava parlando tranquillamente con i suoi due peggiori incubi. E sembrava tutto normale.

La rocca si vedeva già dal treno mentre stavano arrivando in stazione. Poi le tre quinte camminarono fino all'imbarcadero in paese e presero il traghetto che li condusse all'isolotto con il castello. Quando dicevano che era proprio un castello medievale, tipo i Lego, con i merli, il ponte levatoio e due cortili col pavimento in pietra, era tutto vero. Anche il parco intorno di alberi folti e alti faceva venire in mente cavalieri e streghe, e il cielo grigio sporco non aiutava.

Però vedere i grandi saloni con i soffitti a cassettoni e i camini di pietra giganteschi, e poi la terrazza sotto la torre circolare da cui si aveva uno sguardo su tutto il lago era qualcosa per cui valeva la pena la gita.

In tarda mattinata era previsto un gioco di gruppo, un torneo, una roba del genere, e tutti erano molto curiosi.

C'erano sei animatori, che erano ragazzi giovani come gli insegnanti di sostegno, tre maschi e tre femmine. Dopo la visita al castello portarono tutti nel cortile e distribuirono una tunica azzurra per ogni bambino. Era una specie di *poncho* che si legava ai lati e aveva una pettorina colorata. Ogni colore equivaleva a una classe, c'erano i rossi, i blu e i neri, e ogni classe aveva due supervisori a controllarla. E qui veniva il bello, perché dovevano fare una specie di battaglia. Oltre alla tunica erano state distribuite delle spadine di plastica...

«Come vedete, sembra dura ma non lo è...» disse la ragazza che spiegava le cose.

Alcuni diedero dei colpi di spada sul palmo delle mani, in effetti era morbida.

«Ahia!»

Seguendo la voce, tutti videro Max che si accarezzava la testa con una faccia tipo Jim Carrey in *The Mask*, e Ciccio ancora incredulo con la spada in mano.

«No, ecco in testa non bisogna colpire...» precisò subito la ragazza, mentre Ciccio arrossiva al suo solito modo. «Il gioco è che dovete "toccarvi" sulle gambe, non sopra la cintura... e se qualcuno fa il furbo ci siamo noi che controlliamo. Si tratta di un gioco di strategia, cioè dovete capire come muovervi fra i due cortili e come affrontare l'altra squadra. Dovete cooperare fra di voi e trovare la migliore soluzione in base al luogo in cui vi trovate. Il vincitore fra le prime due squadre affronta la terza. È chiaro?»

Tutti si guardarono. Quando ci sono settanta bambini come te e vi dovete affrontare in una sfida cerchi conferma negli occhi di chi conosci, e vedi che anche gli altri sono smarriti come te. Questo pensò Tomà sentendo che il suo batticuore era uguale a quello degli altri. Elena era al suo fianco, si guardarono e lui pensò che era un po' simile alla sera delle lanterne: anche se non era sera, era lo stesso sorriso.

Furono decise le prime due squadre, la loro classe contro la V D, proprio quelli che invadevano sempre la loro parte di corridoio, con cui alla ricreazione giocavano con la palla fatta di carta stagnola dei panini pressata e si sfidavano in partite animate, quelli con cui si sfottevano da cinque anni.

Ci furono lunghi minuti di conversazione a piccoli gruppi.

Poi Luca disse a voce alta: «Raga, abbiamo bisogno di un piano, avvicinatevi...».

Venticinque corpi formarono un cerchio confuso cercando di stare più vicini possibile. C'era un enorme vociare in tutto il cortile.

«Io un'idea ce l'avrei...» disse Tomà.

«Tu? E che idea è?» In un microsecondo Tomà cercò di capire cosa voleva dire quel "Tu?" di Luca: "Tu non puoi avere un'idea perché sei una schiappa?". Oppure: "Ma dai, sentiamo la tua idea?".

Però stava già rispondendo perché era convinto di ciò che pensava.

«Possiamo seguire il piano dell'*Ultimo samurai*...»

«Eh? E che sarebbe?» chiese Lara.

«Il film, quello con Tom Cruise... Vabbe', ve lo spiego io. Lì i samurai con le spade e le frecce affrontavano l'esercito moderno con i fucili. E allora mandano avanti un piccolo gruppo come esca, si fanno inseguire e poi li prendono di sorpresa. Ora, quelli della V D hanno scelto il cortile piccolo vicino all'ingresso. Chi attacca per primo? Se andiamo noi da loro magari ci accerchiano, ma se noi gli mandiamo un'esca e li facciamo venire qua li possiamo colpire da tre lati. Quindi ci serve un'esca che vada da loro...»

«Eh? Non sento bene, raga...» La voce felpata e in sordina di Bea arrivò al momento giusto. Tutti la guardarono.

«Che c'è?»

Si guardarono di nuovo. E qualcuno sorrise.

«Bea, tu sarai la nostra esca...» disse Luca prendendola per un braccio. Dimitri la prese dall'altro: «Devi attirare quegli altri da noi...».

Quindi avevano accettato il suo piano, esultò Tomà in cuor suo.

«Io? E perché? No, non son capace...»

«Sì, vai...» cominciarono a spingerla i due.

«E devi essere convincente» aggiunse Giò Giò.

«No, ma io da sola non voglio... Sara, vieni anche tu?»

Sara aveva gli occhi supplichevoli, ma fu spinta anche lei. Si ritrovarono mano nella mano la spilungona e il caschetto timido, trenta centimetri in meno, e continuavano a girarsi a ogni passo.

«Conviene che qualcuno vada con loro, sennò non arrivano più...» Mentre lo diceva, Tomà non riusciva a credere alla scioltezza e al piglio con cui dirigeva le operazioni. E non avrebbe mai immaginato di "vivere" la battaglia di quel film che da piccolo tanta paura gli aveva fatto.

Si offrì Luca di andare con le due esche, e mentre percorrevano il viottolo un po' in discesa dal selciato sporgente, Tomà spiegò meglio il piano. Tolte le tre esche, restavano in ventidue. Dodici si sarebbero posizionati al centro del piazzale facendo finta di aspettare i nemici.

Cinque si sarebbero nascosti alla sinistra dell'arco dove sfociava il viottolo, dentro un patio coperto con vari attrezzi da contadini, e altri cinque alla destra, in quello che forse doveva essere un magazzino con due porte ad arco. L'altra classe, la V A, era dietro di loro in attesa. Tutto intorno le alte mura merlate e le pareti degli edifici in pietra li guardavano in silenzio.

Arrivarono al bordo del cortile in basso, e videro tutta la V D a pochi metri da loro. Luca e Sara quasi si nascosero dietro quella pertica di Bea.

Si guardarono con i nemici.

«Digli qualcosa!» la spronò Luca.

«Io? E diglielo tu» bisbigliò Bea.

Qualcuno dal gruppo della V D disse qualcosa tipo: «Fifoniii!».

A quel punto Luca spinse sulla schiena Bea, più che altro per darsi un appoggio per la sua rincorsa, urlò: «Quinta D merdaaa!» e partì a razzo. Sara fu presa dal panico e gesticolando lo seguì, correndo come se fosse sul punto di inciampare da un momento all'altro.

Bea non si era accorta di nulla, si gasò per l'insulto e con una voce stridula gridò: «Brutti puzzoni schifosi, venite a prendermi se avete coraggio!!!» e concluse con una pernacchia sputacchiante.

Si girò tutta contenta e, quando si accorse che non c'era più nessuno, impallidì e cominciò a correre come un fenicottero con le gambe a X. «Aspettatemi!»

Luca e Sara erano già vicini al bordo del cortile grande interno. Bea era troppo lenta e dietro aveva un'orda di barbari urlanti che la stava raggiungendo. Tomà l'aveva detto ai due gruppi ai lati dell'arco: «È fondamentale la tempistica, se uscite troppo presto vi scoprono e perdiamo l'effetto sorpresa; se uscite troppo tardi ci troviamo in dodici contro ventitré. Dovete aspettare il mio "ora!"».

I due gruppi erano comandati da Giò Giò e Vale, che era forte come un maschio.

Tomà restò con la mano e la spada alzata, ancora no, ancora no, tutta la V D aveva superato l'arco, erano dentro, il più veloce di loro aveva raggiunto Bea e l'aveva toccata con la spada alle gambe, in teoria era fuori gioco ma lei continuò a correre. Il momento era giusto.

«Oooraaaa!» urlò Tomà abbassando il braccio, e ora fu: i due gruppi di Giò Giò e Vale uscirono urlando, tutti urlavano e non si capiva nulla, ma quelli della V D si chiusero istintivamente a cerchio, i pochi che erano rimasti, perché molti erano stati colpiti alle spalle e si erano dispersi, altri erano scappati e i superstiti si erano ritrovati soli contro più di venti e le prendevano da tutti i lati.

«Bene, ottimo!» urlò uno degli animatori. «Mi pare evidente che ha vinto la V C. No?» Si stava confrontando con gli altri animatori.

A quel punto si levò un grido improvviso. «Vendettaaa!!!»

Quelli della V A, senza preavviso, senza aspettare il verdetto dei giudici, partirono alla carica.

Si sentì un «Fermi, bambini!» della ragazza che aveva spiegato il gioco prima, ma fu coperto da un altro «Vendettaaa!!!» dei superstiti della V D, quasi nessuno le diede retta, nella baraonda anche gli altri fuoriusciti della V D si lanciarono all'assalto. Erano tutti contro la V C.

«Si sono messi d'accordo contro di noi, marrani!» urlò col suo solito linguaggio forbito Iaki.

E poi fu il caos totale!

Iaki si lanciò in avanti, colpì uno, ma poi fu colpito alle gambe e al corpo da altri due. Nessuno si fermava più alle gambe. Luca sembrava scatenato, urlava: «*I want to be neenja!!!*» e si lanciava in scivolata per colpire più avversari alle gambe. Bea urlava con le mani ai capelli: «Basta, basta! Che volete da me!!!» Le altre ragazze le si strinsero intorno, Elena, Lara, anche Sara tirò fuori uno spirito combattente. Si unirono anche Addi, Carlo, tra i più robusti dopo Ciccio, Amin e Giò Giò, che era tutto esaltato.

Tomà cercava di non farsi colpire, aveva capito che se stava fermo a parare i colpi lo avrebbero preso alle spalle e quindi era meglio muoversi, scappare e colpire, ne aveva colpiti due, i maschi cercavano di menare forte, a un certo punto era inciampato andando indietro a causa dei sassi sporgenti del selciato, ed era caduto. Per proteggersi aveva alzato la spadina, ma già gli erano addosso in tre.

A quel punto sentì vicinissimo Giò Giò che urlava: «Avengers! Uniti!», e il gruppo con Carlo, Addi, Bea e le altre si fiondarono a difenderlo. C'era anche Max con le sue facce di gomma che imitava Hulk e diceva: «Hulk spacca!» ed era difficile restare seri, anche in quei momenti, di fronte alle sue mimiche.

Giò Giò gli diede la mano e lo aiutò a rialzarsi. E mentre si avvicinavano e si guardavano negli occhi Tomà vide benissimo che gli stava sorridendo ma con gli occhi buoni.

«Che faccio, Tomà? Che faccio?»

Ciccio Ricotta era dietro di lui, era agitato perché non sapeva cosa fare, dava manate in giro e, avendo le braccia più lunghe degli altri, teneva tutti a distanza. Non sapeva perché ma Tomà notò che aveva due spade. E in quel momento visualizzò la sua idea. «Venite!» urlò. Disse a Giò Giò che era vicino a lui: «Stiamo compatti, ci mettiamo uno di fianco all'altro ai lati di Ciccio e lo usiamo come ariete perché lui è il più forte di tutti!».

Giò Giò si illuminò. «Giusto, bella idea! Venite, raga, tutti qua!» Si radunarono in dieci, si schierarono a braccetto ai lati con Ciccio in mezzo. «Avengers! Uniti!» fece Giò Giò che ormai ci aveva preso gusto a fare Captain America.

A quel punto Tomà diede una pacca sulla spalla di Ciccio e gli urlò: «Vai, Ciccio, spaccaaaa!».

Caricarono travolgendo chiunque trovavano lungo il cammino, poi inciamparono anche loro e caddero e ci fu un effetto domino generale col risultato di un'ammucchiata sovrumana nel centro del cortile.

Nessuno aveva più sentito i vari «Fermi!» e «Basta!» degli adulti.

Per riportare la calma usarono i fischietti e intervennero anche le maestre per riprendere il controllo delle loro classi. Si vedeva che erano irritate, le maestre, e i ragazzi del castello imbarazzati.

«Adesso ci sgridano e ci mettono la nota...» disse qualcuno, e lo pensavano tutti.

Ma nessuno riusciva a stare serio, anche se affannati e qualcuno un po' arrossato e sudato per lo sforzo, tutti erano euforici ed eccitati, e in questo erano simili a quelli delle altre quinte.

«Non doveva andare così...» disse la solita ragazza, capo degli animatori. «Non avete rispettato le regole, bambini, e potevate farvi anche male. Non voglio sostituirmi alle vostre maestre, poi ci penseranno loro a spiegarvi che le regole vanno rispettate... Vi avevamo detto di non colpirvi sopra la cintura, anche se le spade sono di plastica molle. Noi siamo responsabili che non vi facciate male...»

Fece una pausa come se dovesse preparare una punizione terribile che avrebbe rovinato la giornata. «Però, visto che vi siete divertiti, mi pare, direi di sì dalle vostre facce, e visto che qualcuno più degli altri non ha rispettato le regole, per dare un senso a questo gioco volevamo premiare comunque la classe vincitrice, che ha saputo esprimere la migliore strategia, che ha avuto coraggio, lealtà e grande spirito di unità. E quindi all'unanimità noi giudici decretiamo che ha vinto la V C!»

«Eeeh! Eeeh!» Nessuno si contenne più. Tomà si guardò intorno e gli faceva uno strano effetto vedersi che esultava con gli altri, saltava con Giò Giò, e Carlo, e Max. Si sentì sollevare da dietro con una forza che solo Ciccio poteva avere.

«Grande, Tomà!» urlò, e gli altri gli vennero dietro: «To-mà, To-mà, To-mà!» scandivano.

Le ragazze fecero lo stesso con Bea, che in fondo era stata l'eroina involontaria della vittoria. «Be-a, Be-a, Be-a!»

"Sembra la scena di un film" pensò Tomà, e per tutto il giorno assaporò ancora quelle immagini che non volevano andarsene dai suoi occhi. Luca che gli aveva fatto i complimenti per la sua strategia, Giò Giò che lo aveva salvato, Ciccio che aveva spaccato tutto, le facce buffe di Max in versione Hulk, Elena e Lara, le più belline della classe che sembravano Vedova Nera o meglio Wonder Woman e le amazzoni.

In treno, al ritorno, commentarono in mille modi l'avventura, le maestre alla fine non li punirono, persino qualcuno delle altre quinte, anche se rosicavano, gli fece i complimenti per la prima strategia, quella dell'esca e l'accerchiamento.

«L'ho copiata dall'*Ultimo samurai*, sai il film con Tom Cruise?» disse Tomà.

«Bello?» gli chiesero un po' tutti.

E lui: «Sì, l'ho visto con mio padre da piccolo, bello!» e per la prima volta si accorse che aveva nominato il papà in pubblico da quando non c'era più.

Ma era tutto bello. Era bello il fatto che quel film che da piccolo lo aveva spaventato adesso era stato la chiave del suo successo. Era bello che lui si era comportato come il capitano Algren interpretato da Tom Cruise. Era bello che poteva sentirsi orgoglioso di pensare al papà e a come era diventato lui, perché il passato e il presente erano tutti mescolati in quella gioia della giornata che non voleva finire. Era bello che avevano scandito il suo nome. Era bello che tutti erano stati uniti e si erano aiutati a vicenda sacrificandosi per la squadra. E c'erano tante altre cose belle che sentiva ma non sapeva dire, come i bei film che li guardi e ti piacciono anche se non capisci tutto fino in fondo. Ma alla fine la felicità è una cosa semplice, concentrata ma semplice. E l'unica cosa che sai è che vorresti non finisse mai... come la battaglia alla rocca medievale.

GIUGNO

Il viaggio di Ulisse

Dopo la giornata speciale al castello sul lago ormai mancavano pochi giorni alla fine della scuola. Tomà sarebbe partito per le vacanze il 5 giugno, quindi avrebbe perso gli ultimi tre giorni di scuola. Sarebbero andati in un campeggio nuovo, sempre al mare, immerso in una pineta, questa volta con lo zio Andy che gli aveva promesso di insegnargli a fare le grigliate. Tomà sapeva che andavano in vacanza nella prima metà di giugno perché costava molto meno che in altri periodi, e un po' gli dispiaceva non esserci l'ultimo giorno di scuola perché ci sarebbe stata una festa con tutti i genitori e i compagni e le maestre al parco.

Vabbe', però almeno allo spettacolo teatrale ci sarebbe stato, il 4, e non vedeva l'ora visto che lui era il ciclope che tutti temevano.

Ma prima aveva un'altra giornata che lo emozionava, be', lo spaventava a dire il vero: le gare al campo di atletica.

Aveva preso sul serio l'allenamento con "i ragazzi", e aveva detto a Elena che non doveva offendersi se non si sarebbero visti spesso come prima perché aveva questa missione da compiere.

«Bella questa cosa che ti alleni con i tuoi amici più grandi... figo!» lo aggiungeva sempre Elena quando voleva esprimere ammirazione. «Se mia mamma mi accompagna ti vengo a vedere alle gare, ok?»

«Bello, ok...» aveva detto lui mettendo le mani un po' dentro e un po' fuori le tasche dei jeans, come quando era in soggezione.

Ogni pomeriggio, appena rientrato a casa da scuola usciva subito per andare al parco. Una volta la mamma gli aveva chiesto: «Tutto a posto, Tomà? Non stai invitando più Elena, vai sempre al parco, per carità son contenta che esci sempre, ma dovresti stare di più con i tuoi coetanei, no?».

«Mamma, tranquilla, non mi sto isolando... voglio solo farmi i muscoli».

La mamma aveva fatto una faccia strana, come colta di sorpresa. «I muscoli?»

Ma lui era già sul pianerottolo e correva giù per le scale.

Quando arrivava in cima alla collinetta dove c'erano gli anelli e le parallele, i ragazzi interrompevano i loro esercizi e si radunavano intorno a lui.

Dopo i primi giorni da quando avevano stretto il patto a fine aprile lui stesso aveva capito che i 400 metri non erano proprio la sua gara, non ce la faceva a mantenere il ritmo. Sui 100 ci stavano lavorando, secondo Ricky e Aquaman aveva l'istinto del velocista, solo che mollava di testa. Prima facevano il giro esterno del parco che era circa 1800 metri, per fare riscaldamento ma anche per prepararlo ai 1500. Ci volle una settimana prima che riuscisse a completare il giro senza avere il fiatone. Dal secondo giorno Aquaman gli spiegò che doveva rullare sui piedi, tacco punta, e tenere le gambe sciolte, non irrigidirsi. Sennò gli diventavano subito i muscoli duri. Tomà non ricordava se quei consigli glieli avesse dati anche il suo allenatore, forse sì forse no, è che non si era mai impegnato, ecco perché non ricordava.

Ma il consiglio migliore secondo lui glielo diede Selim: «Tomà, devi correre per dimenticare i tuoi problemi, mentre corri consscentrati sulle tue cose, quelle che ti danno forsa, anche quelle che ti fanno rabbiare, e tu butta fuori col respiro, brutti pensieri, tutto, butta fuori, capito? Più stai con testa vuota, meno senti fatica del corpo...».

Ogni tanto incrociavano altri runner che guardavano con curiosità quattro adulti muscolosi e un ragazzino al centro. Quando passavano delle ragazze era tutto un girarsi di teste. «Oh, hai visto quella come mi guardava?» disse Selim una volta.

E Vassili: «Veramente guardava me».

«Di certo non te che sei brutto come la fame...» sfotteva sempre Aquaman.

«Rassista!»

E Aquaman lo spinse fuori sentiero con una spallata.

«Ma dai, è bellino Selim!» lo difese Tomà. «Ha i denti in fuori come me!»

«Bravu fratelinu, tu sì che mi vuoi bene!»

«Sssh, basta parlare, che Tomà perde il fiato!» rimproverò il Rosso.

Poi, quando finivano, andavano sul lungo viale alberato nel centro del parco, quello in cui aveva corso con papà, e facevano gli allunghi di velocità. Gli passavano intorno alla vita gli elastici che usavano per fare gli esercizi di *calisthenics* e Tomà doveva scattare mentre Ricky faceva resistenza dietro. Oppure gli legavano con una corda uno pneumatico di motorino che chissà dove Selim aveva recuperato e con quello correva i 50 metri.

Ricky lo incoraggiava e si vedeva che era proprio contento di lui, era quello più vicino d'età al papà, e aveva preso molto sul serio la storia dell'allenamento. Gli diceva: «Bravo, ometto, ce l'hai la grinta dentro, devi solo tirarla fuori, l'hai messa nel garage per troppo tempo».

Tomà sentiva che qualcosa era cambiato nel suo corpo. Forse era vero che aveva messo la grinta in cantina, e anche i suoi muscoli era come se si scrollassero di dosso una pigrizia che lo aveva sempre rallentato.

Dopo tutti gli sforzi tornavano sulla collinetta e lo aiutavano a fare stretching, Ricky era l'esperto e ci teneva che avesse i muscoli delle gambe ben allungati e sciolti.

Tomà tornava a casa sudato come se avesse fatto una doccia. Si sentiva grande con i capelli tutti impastati e la maglietta appiccicaticcia. La sera era stanco morto e si addormentava subito, ma gli piacevano quei pomeriggi al parco perché provava una sensazione completamente diversa rispetto a quando era con Elena o i compagni: da un lato anche se era piccolo, e i suoi polpacci erano grossi solo quanto il polso di Aquaman, sentiva una specie di fratellanza fisica, non gli importava l'enorme differenza di forza e di muscoli ma il fatto che facesse le stesse cose dei grandi. E poi stava scoprendo che il suo corpo aveva molte più risorse di quanto lui pensasse, e migliorava se non di giorno in giorno, di settimana in settimana. Anche il modo in cui si muoveva, come attraversava la strada e parlava agli altri e si sentiva dentro, stava cambiando. Certe cose le senti, e lui dopo la battaglia tipo *Ultimo samurai* si sentiva diverso. Forse non era più la tartaruga che prima di uscire dal guscio doveva essere super sicura, come aveva sentito dire alla mamma, qualcosa lo faceva pensare a sé come a un giovane felino che va a caccia, che sta scoprendo qual è la sua forza, che sta scoprendo che non deve solo temere il mondo, ma può anche prendersi quello che vuole...

Arrivò il giorno delle gare finali del corso di atletica. Era il 1° giugno e al campo c'erano decine e decine di genitori, oltre a tutti i bambini di tutti i corsi dell'associazione sportiva. Bambini di ogni scuola, di ogni età, anche delle medie. C'era parecchio caos e gli organizzatori dovevano usare il megafono per farsi sentire. Ogni ragazzo poteva partecipare a tutte le gare che voleva, oltre alle varie corse c'era il salto in lungo e il lancio del vortex, l'importante era iscriversi in tempo. Tomà aveva deciso: i 1500 e i 100 metri, prima la distanza lunga e dopo un'oretta, il tempo di far correre tutte le batterie dei 1500, veniva la velocità.

La giornata era splendida ed erano venuti tutti i ragazzi del *calisthenics* a vederlo, oltre la mamma e la nonna.

Per i 1500 dovevano fare tre giri completi di pista più 300 metri. Dopo la partenza, schierati tutti uno di fianco all'altro, c'era stata la ressa per prendersi il miglior posto nella prima corsia. Lui era nel gruppo centrale. Ricky gliel'aveva detto: «Non sfiancarti per essere primo, altrimenti finisce che fai la lepre per gli altri. Cerca di stare nel gruppo di centro e restaci!».

E lui ci stava restando. A metà del secondo giro quelli dietro di lui erano già troppo indietro, e lui da posizione centrale era diventato quasi ultimo, così accelerò per recuperare posizioni e cominciò a soffrire.

«Non pensare che non farai fatica, devi imparare a resistere alla fatica!» gli aveva spiegato Ricky durante il loro mese di allenamento. L'importante era non contrarsi e sciogliere le gambe.

Poi, mentre continuava a controllare l'andatura degli altri, senza rendersene conto la sua mente prese a seguire i suoi pensieri. O meglio, a ricordargli le immagini mute di scene particolari. Pensò alla sua reazione quando la mamma lo esortava a essere più intraprendente, alla sua rabbia la prima volta che le aveva risposto male, e a quell'altra rabbia perché a *Fortnite* non riusciva a fare nessuna kill, ma anche a come adesso di *Fortnite* non gli importasse più di tanto, da quando aveva scoperto il piacere di ballare e giocare con Elena. Pensò che la corsa è come la vita, o la vita è una corsa, perché per spingerti avanti devi fare fatica, però – e questa è la cosa incredibile – più fai fatica e ti metti alla prova e più sei felice. Pensò alle sue lacrime quando diceva che non era colpa sua se nessuno lo invitava, e pensò anche a come si cambia sempre opinione, l'aveva cambiata lui su *Fortnite* ma l'aveva cambiata anche su di sé.

Solo tre mesi prima non avrebbe mai immaginato di avere il coraggio di dire a tutti il suo piano nella battaglia del castello, eppure era bastato che in treno vedesse come i compagni erano curiosi della sua uscita con il camion della spazzatura, come ascoltavano il suo racconto e Giò Giò gli confessava che era sempre stato il suo sogno, era bastato questo a farlo sentire libero di esprimersi, senza temere di essere preso in giro per quello che avrebbe detto.

Pensò che aveva ragione la mamma, tutto dipendeva da lui e lui invece si aspettava che fosse la vita a portargli le cose belle. Pensò a come lui passava sotto gli spalti e salutava la mamma a ogni giro perché voleva la sua approvazione, ma non si rendeva conto che non poteva più accontentarsi del sorriso rassicurante che gli bastava quando aveva sei o sette anni... semplicemente perché era cambiato lui. Pensò a un giorno in cui aveva guardato l'album delle foto di classe, a come aveva notato che lui era cambiato, in prima e seconda stava sempre con Alex, poi Alex lo aveva tradito per diventare amico di Luca e il suo sorriso era diventato più malinconico nelle foto di quarta e quinta.

Era quinto e mancava ancora un giro intero, il fianco pulsava ma nelle gambe aveva ancora forza.

Pensò che non si può correre per tornare indietro, si deve correre per andare avanti, questo era il più chiaro dei Pensieri Importanti. Forse era una metafora ma di certo era chiaro. E sapeva che non poteva continuare a cercare l'approvazione per quello che era stato, non era più il Tomà di quando giocava con i Lego o quello che credeva di essere il più veloce del mondo. Doveva scoprire quello che sarebbe diventato. E non doveva averne paura. Per questo aveva deciso di correre sul serio: non voleva più il sorriso pieno di dolcezza e malinconia della mamma, perché era preoccupata che il suo bambino si rifiutasse di crescere; voleva il sorriso pieno di orgoglio e sorpresa, voleva sorprendere se stesso, credere nella sua vittoria come aveva imparato a credere nel suo corpo che rispondeva sempre meglio alla fatica.

Ce la stava facendo, mancavano a spanne 150 metri, il primo era avanti di 20 metri, forse il secondo no, ma il terzo doveva prenderlo. Accelerò. Il quarto provò a resistere, ma lui lo superò. Mancava solo l'ultimo rettilineo. Anche se la stanchezza ormai si sentiva anche nelle gambe rallentate, gli scoppiava il petto di orgoglio perché ce la stava facendo. Il primo era sempre troppo lontano, eppure il terzo si stava avvicinando, si stava avvicinando, gli poteva toccare la schiena, lo affiancò, ce la stava facendo, sentì urlare: «Vai, Tomààà!». Era la mamma che lo incitava con voce da ragazzina, però non voleva voltarsi, no, stavolta non avrebbe chiesto l'approvazione, voleva vincere per lei e restare concentrato. Ancora uno sforzo, 20 metri forse, lo aveva superato forse di un metro e doveva ancora accelerare e non mollare...

Ce l'aveva fatta, era finita ed era arrivato terzo!

Tagliato il traguardo, girò sulla destra per andare sul prato a bordo pista. La mamma lo abbracciò stretto, non finiva di stringerlo.

Si sentiva dalla voce che era commossa: «Tomà, ma sei stato bravissimo... ma tu... cioè, come...».

Era come se si vergognasse di essere sorpresa, lui lo intuiva, come se non capisse come avesse fatto il figlio a raggiungere quel risultato. Ma a Tomà non dispiaceva, voleva proprio stupire la mamma e c'era riuscito, e in fondo anche lui era sorpreso per quello che aveva fatto.

Si avvicinarono "i ragazzi". «Bravo, campione...» gli accarezzò i capelli Ricky. La mamma lo guardò, li guardò, e forse capì.

«Ma voi... quindi quando andavi al parco...»

Nessuno parlò, c'era una specie di imbarazzo contagioso, ma di quello dei momenti in cui le persone sono contente e non vogliono rivelare una sorpresa.

Poi Tomà alzò lo sguardo: «Anche le tartarughe possono essere veloci, mamma...».

Lei trasalì, si portò la mano alla bocca e non riuscì a frenare gli occhi lucidi. Guardò Ricky, Aquaman, che erano alla sua destra, e poi di nuovo Tomà. «Grazie...» sussurrò nascondendo gli occhi nei suoi capelli. Lui si strinse forte alla sua vita, non era mai stato così orgoglioso di sé, non sapeva se era orgoglio o felicità, o se sono un po' la stessa cosa, ma di sicuro era lui che stava dando qualcosa alla mamma, e stavolta se lei tirava su col naso non era per un dolore, ma per qualcosa che faceva bene a tutti e due.

Dietro, Selim era al fianco di nonna Pro, e anche lei, pur con la bocca incurvata in giù, aveva gli occhi bagnati. «Commossa, nonna?»

Lei si accigliò. «Non ti pigliare confidenze, Màic Tàison...»

«Scerto, nonna, sei tu il boss...» Lui con sorriso da sfottò si avvicinò: «Però ti sei commossa, eh?».

La nonna alzò la mano per mimare uno scappellotto, Selim si ritrasse – «Ok, ok...» – e lei nascose un sorriso sotto il berretto all'uncinetto.

In attesa delle altre gare i bambini si dispersero, alcuni in gruppi fra di loro, alcuni con i genitori. C'erano altre due batterie che correvano i 1500, non erano previste selezioni e finali, i vincitori di ogni gara prendevano la loro medaglia e basta, e questo valeva anche per i 100 metri che Tomà avrebbe dovuto correre dopo.

Poi la vide, con la mamma e la sorella dodicenne Elisa a cui si cominciavano a vedere le tette sotto la maglietta e aveva i jeans alti come usavano quelli delle medie. Voleva sbracciarsi, invece si gustò il momento in cui osservi una persona che non ti ha visto e ti sembra quasi non sia la stessa persona. Si soffermò sui suoi capelli lunghi con la coda, marroni un po' chiari e un po' rossicci, gli occhi un po' allungati che quando sorrideva si piegavano come quelli dei cartoni giapponesi... Era la prima volta che lo pensava così chiaramente nella sua testa, ma Elena era una bella bambina. Fu Elisa a scorgerli, si avvicinarono a Tomà, la mamma e la nonna, mentre tante persone tagliavano la strada in maniera disordinata. Quando erano vicinissime la mamma di Elena porse la mano con un sorrisone.

«Ciao, tu devi essere Marilù, la mamma di Tomà...»

«Sì, piacere...»

«Ma piacere mio, ci siamo sempre sentite o scritte su WhatsApp e mi scuso se non siamo riuscite a incontrarci prima. Ci tenevo tanto, poi Elena mi ha detto che voleva venire a vedere le gare di Tomà e allora ne ho approfittato...»

Aveva la stessa spigliatezza festosa di Elena, notò Tomà, mentre lui le diceva: «Grazie che sei venuta...» e non era scontato visto che lui non era andato al saggio di ginnastica artistica di lei.

«Figurati. Mi piace l'atletica... hai già corso?»

«Sì, i mille e cinque, sono arrivato terzo...»

«Fico, quindi prendi una medaglia?»

"Sì," stava per dire "ma è solo il bronzo, non ho vinto". Poi pensò che no, perché dirlo?, perché sminuirsi sempre?, o perché vantarsi del fatto che un mese prima e senza l'allenamento con i ragazzi sarebbe arrivato decimo?

«Sì, adesso tra un po' ho i 100 metri...»

«E sei pronto?»

«Be', sì, mi sento molto più forte di prima... quelli da battere sono quello alto con la fascia sui capelli, che ha undici anni ed è proprio forte, e poi c'è Vale, l'hai vista? Lei corre come un maschio...»

Tenne per sé che non l'aveva mai battuta, forse per non scoraggiarsi da solo.

Ricky lo prese in disparte, visto che stavano partendo i primi gruppi di velocisti. «Tomà, due soli consigli. Ricordi gli scatti che ti facevo fare con gli elastici dietro? Bene, spingi subito allo start in modo da guadagnare metri. E poi non pensare: "non ce la faccio", "le gambe non spingono", e altre cose negative. Ricordati il trucco, la mente crede alle parole che si dice. Pensa: "ce la sto facendo", "posso spingere ancora", così la tua volontà si impegna e dà energia alle gambe».

Tomà annuì e incrociò lo sguardo della mamma. Forse gli aveva fatto bene allenarsi per un mese con "i ragazzi", per sentirsi più grande e perché loro gli svelavano dei trucchi che lui non avrebbe mai scoperto da solo. Forse è anche vero che se le cose cominciano ad andare bene da un lato, vanno bene anche dall'altro. Ma di certo sentiva che aveva un'energia in corpo che non aveva mai avuto. E adorava sentirsi così.

Dieci minuti dopo chiamarono all'appello una nuova batteria, e sentì il suo nome. Non partivano con i blocchi come alle Olimpiadi, ma come si faceva una volta. Lo spilungone con la fascia antisudore era in seconda corsia, Vale in terza, lui in quinta. Gli altri tre non erano più forti di lui, quindi sapeva dove doveva guardare. Più che altro sapeva che voleva battere Vale, ormai erano tre anni che arrivava sempre dopo ed era stufo.

«Pronti? Ai posti...»

Cercò la giusta inclinazione del corpo per spingere al meglio come quando tirava con tutte le forze gli elastici.

«Via!»

Gli sembrò di essere partito bene, ma forse con la coda dell'occhio aveva visto Vale scattare prima di tutti, aveva dei riflessi felini quella lì.

«Bravo, buona reazione...» commentò Ricky con Aquaman.

«Sì, bello scatto, adesso si sta alzando col busto, bravo, ha imparato bene il ragazzo...»

«Vai, Tomà, vai!» saltellava Elena.

«Guarda come alza le gambe, bravo!» Aquaman era orgoglioso.

«Non sta mollando, non sta mollando...» Ricky sembrava incoraggiare se stesso.

Non mollava, lo sentiva che aveva ancora forze. "Rilassa le gambe, allunga la falcata, spingi col tacco" si diceva. E Vale era lì, non riusciva a staccarlo. Lo spilungone era avanti, gli effetti dei suoi venti centimetri in più sulle gambe si vedevano. Si voltò, gli occhi erano allineati con quelli di Vale, era incredula che lui non mollasse, fu un attimo, stava mollando lei. "Inganna la mente, metti il turbo negli ultimi metri, posso spingere ancora", gli occhi non erano più allineati, era dietro, Vale era dietro, aveva mollato, non c'era nessun altro a destra, era lui, era secondo e si sentì come se il Tomà di adesso avesse fatto credere di nuovo al piccolo Tomà di cinque anni di essere ancora il più veloce del mondo.

Finì sorridendo, era secondo ma aveva vinto tutto.

«Cavolo, Tomà, sei diventato forte...» si avvicinò Vale dandogli una pacca.

«Grazie...» e ricambiò la pacca, stupito che ci volesse così poco per creare confidenza.

Raggiunse il suo gruppo. La mamma aveva gli occhi che brillavano e dicevano tutto. La prima voce che sentì fu della mamma di Elena: «Complimenti, Tomà, bravissimo...» ed Elena gli diede il cinque, con un bravo, come tutti i ragazzi, e nell'emozione non distinse fra chi gli disse bravo, campione o cose simili.

Mancava nonna Pro, un po' in disparte, e lui per un attimo non seppe se abbracciarla o... certo non poteva darle il cinque. Lei sorrise, ma stavolta le cambiò tutta la faccia, gli prese le guance fra le mani e gli sussurrò: «Bravo a Tomà, ci hai fatto fessi a tutti... Ricordi quando gli volevano fregare la bici a tuo padre da piccolo? Che non ha mollato? Sei uguale a tuo padre...» e gli diede due pizzicotti che a lui, uniti a quelle parole, sembrarono una specie di incoronazione.

Fu una giornata di quelle super speciali, quelle in cui le cose belle si incastrano con altre cose belle, ed è tutta una catena di dettagli belli da ricordare. Ci fu la premiazione, e quindi l'emozione di salire sul podio davanti a tutti, la vergogna da superare mescolata al piacere di essere apprezzato pubblicamente, l'allenatore che gli disse: «Tomà, ti sei tenuto la sorpresa per fine anno? Bravo!», il saluto tipo braccio di ferro sospeso con Selim e gli altri ragazzi, e gli occhi addosso di tutti i compagni di corso che si chiedevano perché lui, il timido Tomà che non parlava con nessuno, si salutasse con dei palestrati tatuati come fossero dei gangsta rapper... E ciliegina sulla torta, finite le premiazioni e tutto il resto al campo, la mamma di Elena propose di andare a mangiare una pizza, così potevano conoscersi meglio le due mamme, per festeggiare, per far stare assieme i bambini...

Fu proprio una giornata super speciale che aveva già aria di estate e di festa. Dopo la pizza andarono a casa per giocare ancora una volta con la Wii e provare i nuovi balletti di *Fortnite*. Ma Tomà ebbe la strana sensazione che stava dando una specie di addio a quei giochi, dopo meno di un anno la Wii stessa e i balletti gli sembravano appartenere a un'altra epoca della sua vita, quanto a *Fortnite* sentiva che non aveva più tutto quel bisogno di rifugiarsi nel suo mondo, perché il mondo vero cominciava a offrirgli tantissime cose molto più interessanti.

Ho un'idea! Lo prenderemo per la gola!, aveva detto Addi.

Ma è un ciclope! Come facciamo ad assalirlo alla gola?!?

Cos'hai capito? Useremo il mio kebab! Gli mettiamo dentro una pozione che lo farà addormentare... e a quel punto lo accecheremo con lo spiedino!

Ottima idea!, avevano detto tutti in coro.

Addi si era staccato per correre verso una sedia a bordo della scena dove c'era il rotolo del finto kebab, ma aveva fatto uno scivolone a gambe all'aria che sembrava un clown del circo.

La risata del pubblico era esplosa come un'onda del mare. Forse i genitori ridevano perché pensavano facesse parte del copione, i compagni ridevano per l'imprevisto, Addi tornò col rotolo legato a un bastone dicendo a bassa voce: «Ahia, il culo!».

Lo spettacolo stava andando bene, era il più complesso e ricco di idee di tutti i cinque anni, anche se era fatto solo con delle sedie e senza costumi. Anche quest'anno usavano la palestra come teatro, la platea erano due quadrati di file di sedie separati dalla corsia centrale, e il soffitto con le grandi travi di legno arcuate sembrava l'interno della pancia di una nave rovesciata.

Erano in tanti i genitori a fare riprese col tablet o i cellulari, ma nella corsia di centro era piazzata una telecamera con treppiede che serviva per il video completo che poi i rappresentanti avrebbero condiviso, una volta montato, con tutti i genitori.

All'inizio dello spettacolo Serena aveva parlato al pubblico, ed era stata una sorpresa perché i ragazzi non avevano nel copione il suo discorso, e solo allora avevano scoperto il perché di quella scelta, Ulisse, il viaggio e tutto il resto. Erano state parole chiare e potenti, e Tomà pensò che Serena era un po' come la mamma, sapeva chiarire i pensieri importanti della vita che altrimenti si disperdono come nuvole in cielo.

«Il poeta greco Costantino Kavafis ha scritto una poesia per me bellissima dedicata a Itaca. Itaca è la metafora della vita stessa, da essa partiamo e a essa ritorneremo. Ma Itaca non è la nostra meta, non è un luogo in cui ci attendono ricchezze perché le ricchezze le raccoglieremo lungo la via, e quindi dobbiamo aspettarci che il nostro viaggio sia pieno di conoscenze e avventure. Questo dice la poesia. Il messaggio di Kavafis è che la vita non ha un significato da qualche parte, oltre di essa, o in una meta da raggiungere… il significato della vita è nel viaggio che facciamo per viverla. Quindi siamo tutti "Ulissi", loro, i bambini, noi insegnanti, e anche voi genitori. Perché anche se la vita di oggi è frenetica, siamo sempre di corsa, siamo bombardati dai social e non abbiamo tempo per riflettere su cosa stiamo facendo e su cosa abbiamo imparato... anche se tutto sembra un flusso ininterrotto, la vita ci pone comunque di fronte a delle soglie, dei riti di passaggio, e dobbiamo prenderci il tempo per fermarci e capire chi siamo, cosa vogliamo e dove stiamo andando...

«Perché allora questo spettacolo? Perché quest'anno i ragazzi avrebbero studiato l'*Odissea*, e allora con Lucia ci siamo dette che dovevamo tentare un esperimento diverso dagli altri anni, non il solito spettacolo in costume su storia inventata, ma un "viaggio" in cui i protagonisti fossero loro stessi, i vostri figli, con le loro paure per ciò che li aspetta alle medie, e anche con le opportunità che vedono nel crescere, un viaggio in cui potessero riflettere su cosa vuol dire l'amicizia, cosa vuol dire lasciare le vecchie certezze per affrontare nuove sfide, cosa vuol dire diventare grandi.

«E così abbiamo unito Omero, Kavafis e le loro parole, le loro risposte alle domande che gli facevamo nel corso dell'anno su cosa si aspettavano, e questo viaggio di consapevolezza lo abbiamo fatto assieme, perché anche io e Lucia abbiamo imparato molte cose con loro e di loro, questa soglia, questo addio che è un nuovo inizio, l'abbiamo attraversato assieme... e adesso anche voi genitori l'attraverserete con noi...»

L'applauso era scattato con qualche istante di ritardo, forse perché nessuno aveva capito che era finito il discorso, o forse perché quei concetti avevano toccato dentro, pensò Tomà, e tutti assaporavano ancora quelle parole, come lui, a cui erano sembrate un discorso ai naviganti prima di partire per l'avventura.

Poi i genitori erano rimasti ancor più straniti dall'inizio dello spettacolo, tutti tacevano e si muovevano al rallentatore ai bordi di un palco che non aveva confini ed era pieno di sedie disposte a caso, rovesciate alcune, vuote.

Ed era partito il sonoro con voci di bambini che giocavano in lontananza, ed Elena si era mossa come smarrita fra le sedie recitando il suo testo sull'ultimo giorno di scuola.

L'ultimo giorno di scuola. È così che sarà? La campanella che suona e tutti che corriamo fuori in cortile a rincorrerci e gridare...

Non si sentiva un fiato. Tomà era concentrato e non voleva guardare il pubblico, ma gli sembrava che tutti fossero incantati, ed Elena aveva un tono con le giuste pause e un po' di malinconia che la rendeva credibile.

Quando aveva finito dicendo: *Siamo tutti come Ulisse, che da Itaca partì e a Itaca ritornò, ma solo dopo aver attraversato il mare... È giunto il momento, per noi, di rimetterci di nuovo in mare...*, partì una musica antica e misteriosa, con un flauto e una base elettronica che sembrava la corrente impetuosa delle acque. Ognuno si avvicinò alla sua sedia buttata alla rinfusa e insieme recitarono.

Narrami, o Musa, di quel giovane dall'agile mente
che a lungo andò vagando per le aule della scuola elementare,
e di molte maestre conobbe i compiti
e scoprì la natura della conoscenza, e molti dolori
patì nel suo cuore lungo le vie del mare...

Dalla platea si levarono delle risatine ma si spensero subito.

Ulisseee... Ulisseee..., dissero tutti mimando l'eco.

Sono io Ulisse!, disse Aria salendo sulla sua sedia.

Sono io Ulisse!, la imitò Vale. E poi Addi, Bea, Amin, Sofi e Lara. Tutti salirono sulla propria sedia in un accavallarsi di: *Sono io!, Sono io!, Sono io!, Sono io!*

Lara scese dalla sua sedia e venne a mettersi davanti a tutti, rivolta al pubblico.

E recitò:

Se ti metti in viaggio per Itaca
augurati che sia lunga la via,
piena di conoscenze e d'avventure.

Non temere Lestrigoni e Ciclopi,
o Posidone incollerito:
nulla di questo troverai per via
se tieni alto il pensiero,
se un'emozione eletta
ti tocca l'anima e il corpo.

Anche Amin scese dalla sedia e si piazzò al fianco di Lara.

Ulissi, quali pericoli ci attendono oltre il mare?!? Come li affronteremo? Dov'è la nostra Itaca?

La scuola media è Itaca?, disse Iaki dal suo posto.

E tutti: *La scuola media!*

La scuola mediaaa!, disse più forte degli altri Elena con le mani nei capelli.

Amin riprese più serio che poteva col suo viso sempre sorridente: *E cosa ci porteremo dietro? Cosa ci proteggerà dalle paure del viaggio?!?*

Scese Max, prese alla sua destra una valigetta colorata e disse con voce forte e cadenza veloce: *In un vero viaggio ci affidiamo sempre a ciò che siamo stati, agli oggetti più cari, i ricordi più belli...*

Giusto, i ricordi più belli!, disse Giò Giò.

E gli altri: *Ciò che siamo stati!*, *Il nostro scrigno!*

Tutti scesero per andare a prendere ai bordi del palco chi una scatola di scarpe colorata, chi una valigetta addobbata, i contenitori fatti in casa dove avevano messo i disegni, gli oggetti e i lavoretti per loro più importanti degli anni passati. I tesori di quando erano più piccoli.

E adesso senza indugio prendiamo il mare, Ulissi, perché Itaca ci aspetta!, aveva detto Sara con una voce così squillante e convinta che non era da lei.

Avevano preso le loro "scatole" firmate e personali e le avevano sistemate sul bordo anteriore del palco, poi ognuno aveva spostato la sua sedia e le avevano ammassate al centro della scena in due file disordinate, qualcuna rovesciata per terra. La musica cresceva al ritmo di tamburi e violini che sembravano le onde del mare e il battito del cuore. Avevano fatto diversi tentativi prima di sistemarsi, chi saliva e scendeva perché trovava occupato il posto, chi si girava stretto in equilibrio precario, e se qualcuno pendeva un po' il compagno vicino lo teneva, Tomà aveva dietro Giò Giò e di fianco Ciccio che era un pericolo pubblico per come si muoveva.

Carlo, sul bordo destro, urlò: *Issate le vele!*, e tutti a mimare il gesto di tirar giù una corda. *Cazzate la randa!*, e gli altri che tiravano dal basso un'altra corda immaginaria. *Virate a babordo!*, e tutti si scontrarono, fra chi mimava il volante di un'auto che girava a sinistra, e chi remava verso destra.

Scemata la musica tutti si spostarono sulla sinistra, su due file, piegati e impauriti, stretti per farsi coraggio. Mentre Bea, Sara, Ciccio e Aria accatastavano le sedie a piramide per formare la montagna del ciclope, e Tomà si sistemava la fascia e la benda nell'occhio per impersonare la parte col megafono...

Così, adesso Addi aveva preso il bastone con il rotolo in cima, il pubblico aveva riso alla sua frase che avrebbero addormentato il mostro col kebab, Giò Giò gliel'aveva strappato di mano e si era messo alla testa del corteo di ragazzi incurvati che si avvicinavano a passi esitanti a Polifemo, e lui, Tomà-Polifemo li guardava dalla cima della montagna di sedie, alta il doppio dei compagni.

Ciclope, permettici di offrirti questo spuntino a base di carne di manzo e agnello, disse Addi con una voce così insicura che si era capito poco. *Così speriamo tu possa essere riconoscente con noi...*

Spuntino? Volete intenerirmi, stranieri? Tanto vi mangerò lo stesso tutti, ah, ah, ah!

Aveva assaggiato il rotolo e aveva finto di addormentarsi, sdraiandosi sulle sedie.

Poi Giò Giò alzò il bastone sopra la testa per colpirlo mentre i compagni incitavano: *Sì, dai, accecalo!*

Aspetta! La voce di Addi lo fermò. *Ma a me non sembra un mostro, sembra un bambino...*

È vero, si intromise Sara. *A guardarlo da vicino è un bambino come noi...*

Iaki suggerì: *Svegliamolo! Cerchiamo di capire la sua storia?*

Lo scossero per le spalle, e quando il ciclope diede segno di destarsi, gli Ulissi si allontanarono dalla montagna di sedie e si disposero a semicerchio al centro della scena.

Tomà scese dalle sedie, si tolse la fascia e la benda all'occhio e si posizionò di fronte a loro.

Ma tu... tu sei un bambino come noi, perché volevi mangiarci?, parlò Aria.

E Giò Giò, con le mani in tasca, un po' impacciato: *Mi spiace, non volevo accecarti, avevamo paura di te...*

Nemmeno io volevo mangiarvi..., disse Tomà. *Anch'io ero in viaggio come voi, a conquistare l'ignoto, ma... ho avuto paura e mi sono fermato qui sull'Isola dei Ciclopi, così mangiando gli altri e le loro paure mi sentivo sicuro...*

Unisciti a noi, disse Elena con voce forte.

Sì, unisciti a noi, così assieme avremo meno paura..., aggiunsero in coro gli altri.

Giò Giò gli porse la mano: *Amici?*, e tutti allungarono il cinque.

Amici!, disse Tomà battendo le mani di ogni compagno.

Si unirono in gruppo, e un suono di vento da bufera riempì la sala.

Bea si staccò e, messa in un angolo, cercò di scandire con la sua vocina acuta: *Si rimisero in viaggio per i mari perigliosi. Giunsero nell'isola della potente maga Circe, che a lungo li tenne schiavi dei loro ricordi. Fu come un tempo di estate in cui sembra che tutto si fermi. Ma poi arriva settembre e la scuola riprende! Circe lasciò partire gli Ulissi, ma volle avvisarli dell'Isola delle Sirene: "Colui che ignaro si accosta e ascolta la loro voce, mai più a casa ritorna, perduto è per sempre"...*

I maschi della classe cominciarono a muoversi a casaccio al centro della scena, dietro di loro le ragazze si erano sistemate sulle sedie, in piedi, con le mani ai lati della bocca.

Uliseee..., disse Gianna con voce da spettro. *Ricorda i giochi ai giardinetti...*

Ai giardinetti..., fecero eco le altre.

Quando eri bambino e non conoscevi la scuola...

La scuola...

Crescere è faticoso, resta bambino!

Resta bambino..., tutte in coro.

A quelle parole i maschi presero ad abbracciarsi in cerchio, e a spingersi, a trattenersi, in un unico grande groviglio di corpi, fino a cadere, alcuni a rialzarsi, e poi a cadere ancora ridendo come bambini piccoli e spensierati. E mentre restavano a terra fra scivolate, spinte e trattenute, le ragazze dall'alto delle sedie li deridevano con risate acute.

Ah, ah, ah, che piccoli... Ah, ah, ah, guardateli!

La musica che si era mutata in un motivo antico di flauti e tamburelli si calmò, cessarono le risate e il groviglio di corpi si sciolse.

A gruppi di tre presero i manici di scopa ai bordi della scena e si disposero accovacciati a terra come fossero l'equipaggio di una nave, in due file di rematori.

Gianlu con i suoi ricci neri lunghi fu il primo a parlare, mentre remava: *Come faremo a finire i compiti in tempo? A non dimenticare i materiali?*

E a farci nuovi amici? A tornare a casa da soli?, aggiunse Dimitri.

Però conquisteremo il cellulare, disse Ciccio tutto contento.

E lì scoppiò la risata dei genitori.

Non ci chiameranno più bambini ma ragazzi..., fece Alex mentre si impegnava a remare col bastone.

E avremo le chiavi di casa!

E Sofi poi disse con tono da sfottò: *E quando passeremo di fianco ai giardinetti i piccoli ci guarderanno come quelli grandi...*

Sì, e avremo il libretto delle giustifiche, raga..., sorrise Amin.

È vero, crescere vuol dire anche prendere l'autobus da soli, fu la volta di Vale.

Remate, Ulissi, remate!, esortò Lara. *Sottraetevi all'inganno delle sirene, indietro non si può tornare... crescere è l'essenza del viaggio, e il viaggio ci porta a Itaca...*

Itaca, Itaca, Itaca..., ripeterono in coro assieme, mentre la musica ballabile di tamburi e flauti avvolgeva tutti come il vento e le onde.

Quando la musica scemò, Elena si staccò dal gruppo e si mise sulla destra del pubblico e della telecamera, e recitò:

Tienila sempre in mente, Itaca.
La tua meta è approdare là.
Ma non far fretta al tuo viaggio.
Meglio che duri molti anni;
e che ormai vecchio attracchi all'isola,
ricco di ciò che guadagnasti per la via,
senza aspettarti da Itaca ricchezze.

Poi fu la volta di Tomà, uscì dal gruppo e si mise dall'altro lato rispetto a Elena. Non riusciva a distinguere nel pubblico, fra l'ombra, le luci dei cellulari che riprendevano, i fari sparati in faccia. Prese coraggio...

Itaca ci ha donato il bel viaggio... ma il viaggio non ha mai fine, e le ricchezze più grandi sono dentro di noi, in ciò che siamo stati, in ciò che diventeremo...

I compagni andarono a posare i bastoni a bordo della scena e ognuno si prodigò a prendere una sedia fino a formare tre file ordinate.

Poi con un po' di caos tutti si passarono di mano in mano le scatole colorate che avevano appoggiato davanti al palco finché ognuno non ebbe la sua e poi si sedettero.

Sofi per prima tirò fuori un cappello: *Il berretto che mi avevano firmato tutti i miei compagni!*, e poi Vale: *Il mio biglietto per la festa della mamma!*, e Aria: *La mia maglietta dello spettacolo in terza!*, Ciccio: *Il binocolo che mi avevano regalato per il mio compleanno!*, *La cartellina dei miei disegni preferiti!*, disse Luca da dietro, *La scultura di una tartaruga che avevo fatto a sette anni!*, sollevò Tomà il suo tesoro e fu lì che vide la mamma con la mano alla bocca, in terza fila, la nonna accanto.

C'era una musica di pianoforte che sembrava un carillon, faceva pensare al vetro che si infrange e ai passi incerti di un bambino piccolo, alle immagini dei vecchi video sgranati, e alle lacrime di certi pomeriggi quando non vuoi crescere. Ognuno tirò fuori il suo tesoro e poi lo rimise dentro la scatola colorata.

Quando il rito finì, Elena si alzò sulla sedia e disse scandendo: *Ora, amici e amiche, giunti al termine della nostra avventura, vi consegnamo lo scrigno dei nostri tesori più preziosi, perché, anche quando saremo diventati esperti e saggi, e avremo capito che vuol dire Itaca, dovremo comunque guardare indietro e capire da dove siamo partiti...*

Il pianoforte tacque, ci fu un attimo di silenzio tra il pubblico, mentre Lucia e un suo assistente alzavano uno schermo in fondo alla scena e i ragazzi spostavano le sedie ai bordi del palco e si sedevano di nuovo a terra accovacciati, dando le spalle alla platea.

E poi partì un video.

All'inizio fu la foto della prima elementare, fissa, Serena sulla destra, con dei capelli che sembravano più neri, Tomà e Alex in basso a sinistra abbracciati, e tutti avevano un'aria così ingenua, la chiamavano ancora "signora maestra" e giocare voleva dire correre nel cortile e inseguire una palla.

Poi, in seconda e terza, cominciavano ad allungarsi, chi a diventare più pienotto, chi con una faccia più furba, e la musica tipo quella del film di Amelie faceva pensare a quanto sono delicati i sentimenti quando sei bambino, come le carezze di una mamma.

Poi vennero le immagini dei primi spettacoli teatrali, quando in terza si erano vestiti da cavalieri e avevano creato un castello di cartone, quando in quarta avevano studiato i registri della loro scuola dei tempi della guerra e avevano conosciuto le storie di maestre e bambini come loro cacciati solo perché ebrei. I fermoimmagine in bianco e nero di Lara, e Bea, e anche Luca che leggevano le loro relazioni facevano uno strano affetto, sembravano usciti da un lontano passato che non si capiva se era quello della memoria loro o della storia narrata, quando loro non c'erano ancora.

E poi vennero le immagini delle prove dello spettacolo, immagini rubate quando loro non se l'aspettavano, Addi che alzava il suo vero kebab e poi se lo mangiavano, Ciccio che si era sbattuto il manico di scopa tipo remo in faccia, il gruppo di maschi che si buttava a terra davanti alle compagne sirene e sembrava facessero la lotta libera, momenti in cui Elena leggeva la poesia e la foto l'aveva immortalata come se guardasse l'infinito, altri momenti in cui erano tutti seduti con i loro appunti e dicevano a Lucia cosa li spaventava del futuro che li attendeva, o quando erano tutti in cima alle sedie per fare la nave di Ulisse e alzavano le braccia vittoriosi...

Com'erano diversi dalla prima, come sembravano lontani quei bambini di cinque anni addietro, come stentava a riconoscere la sua vita di allora, pensò Tomà, mentre compariva sullo schermo la scritta:

"Da noi a voi, perché noi siamo Itaca, noi siamo il viaggio!".

E poi:

"The End".

L'applauso partì veloce, e con una cadenza sempre più in crescendo, si aggiunse qualche fischio di papà, Serena e Lucia entrarono dai lati opposti, i bambini si alzarono e tutti, mano nella mano, si girarono verso il pubblico e la telecamera davanti a loro e s'inchinarono, una volta, e ancora, ancora, perché il pubblico non finiva di applaudire, si sentivano nel video voci fuori campo: «Ma che bravi!», «Ma che spettacolo profondo», «Veramente bravissimi, anche i testi e tutto, senza parole...», non finivano di inchinarsi.

Luca si lanciò sulle ginocchia tipo cantante rock, Giò Giò lo imitò, poi tornarono tra le fila e tutti alzavano le mani in alto di slancio e s'inchinavano profondamente, qualche papà cominciò a urlare: «Braviii!» e gli applausi si infittivano, e i ragazzi rispondevano applaudendo a loro volta.

Lucia prese la parola e mentre si calmava il battimani disse: «Bravi soprattutto loro, perché noi ne abbiamo viste di tutti i colori, quando facevano la nave, non avete idea, e col kebab e con i bastoni» – un'onda di risate – «ma alla fine è stato tutto perfetto!».

Ancora applausi dei genitori e dei ragazzi, poi Serena indicò che potevano andare, e ognuno si diresse verso la sua scatola dei ricordi per portarla ai genitori.

Davanti allo schermo ci fu un'invasione di campo, genitori che andavano verso i figli, nonni che andavano verso i nipoti, fratelli maggiori che abbracciavano le sorelle di quinta e ragazzi che schizzavano da un lato all'altro, chi si avvicinava per complimentarsi con Serena e Lucia.

A un certo punto le due rappresentanti di classe portarono due piante bellissime e alte a Serena e Lucia che le alzarono come due trofei di Formula 1, e i ragazzi spontaneamente iniziarono a scandire: «Se-re-na, Se-re-na!», «Lu-ci-a, Lu-ci-a!» battendo le mani.

Le luci si spensero e sullo schermo in fondo rimase il fermoimmagine della foto dalla classe dell'ultimo anno. Qualcuno passava davanti alla telecamera e metteva la mano o faceva le boccacce.

Tomà restò con la sua scatola in mano, un po' timido e imbarazzato, cercando il momento giusto per parlare con Serena, che veniva continuamente chiamata, distratta, quando lei si fermò davanti a lui che stava per parlarle, più volte fu interrotto, da una nonna che salutò la maestra ignorandolo, da compagni che si lanciavano bottigliette di plastica.

Lui abbassò lo sguardo aspettando il suo momento, una carezza sulla schiena lo fece girare, era Elena che gli disse: «Mi spiace che non ci sei alla festa di fine anno» e lui si vedeva che aveva gli occhi tristi, lei lo abbracciò d'impulso, e fu un abbraccio forte che non voleva finire mentre lui non sapeva dove mettere la scatola e non poteva ricambiare.

«Ci vediamo quando torni...» gli disse lei, lui annuì, e poi passarono altre compagne, Sofi, Vale, Bea, e lo abbracciarono, alcune gli diedero una carezza sulla spalla. «Ciao, Tomà, ci mancherai alla festa...»

Poi arrivò Ciccio che lo sollevò quasi spaccandogli la scatola. «To-mà, To-mà, To-ma!» urlò e gli altri maschi lo imitarono, anche Giò Giò – «To-mà, To-mà, To-mà!» – che gli diede una pacca sulla spalla. «Ciao, Tomà, buone vacanze!»

E lui sorrise, a occhi bassi e con la scatola in mano, ma sorrise e disse: «Grazie a tutti», ma nel caos in pochi lo sentirono.

Fra schiene che passavano davanti alla telecamera, e borse di mamme, e cravatte di papà, e ragazzi che si spostavano con la loro sedia e sopra la scatola dei ricordi, si sentì Serena che diceva ai genitori: «Se volete aiutare i ragazzi, sopra in classe potete prendere le cartelle e gli zaini che sono un po' pesanti...».

La scena cominciò a svuotarsi, le sedie non c'erano più, Serena aveva in mano il megafono di Polifemo che era rimasto a terra, ancora genitori che la bloccavano per salutarla, Tomà si spostò con la sua scatola dicendo: «Mamma, me la tieni tu?», poi tornò indietro e si piazzò davanti a Serena, ancora distratta di qua e di là. «Serena?»

«Tomà, scusami, è un manicomio, mi stavi dicendo prima?»

«Volevo salutarti, perché da domani sono già in vacanza...»

«Ah già, è vero, me l'aveva detto la mamma... Divertiti, e quando torni vienimi a trovare...»

Lui annuì. «Sere...» Prese coraggio, respirò e disse tutto d'un fiato: «Grazie per tutto quello che hai fatto per me...».

Serena rimase immobile, un attimo, poi si chinò con un suo sorriso dolce e gli toccò la spalla.

«Te lo meriti, Tomà, solo cose belle, solo cose belle per te...» aggiunse mentre arrivava la mamma.

Fu con incredibile naturalezza che entrambe si appoggiarono le mani sulle spalle, con Tomà in mezzo a creare una catena.

«Grazie...» disse la mamma.

«Ma di cosa?» sorrise Serena. «Ci vediamo quando tornate, che dobbiamo parlare di quel progetto delle storie...»

«Senz'altro».

«Venite su in classe?»

«Sì, andiamo...»

Serena e la mamma uscirono di campo, oltre la telecamera.

Restò Tomà, e l'ultima inquadratura del video fu di lui che sorrideva, guardando oltre, proprio di fronte al fascio di luce del proiettore della foto di classe che gli attraversava il volto e lo rendeva tipo l'ultima immagine di un film, quasi un sogno che si sovrappone alla realtà, o una foto che contiene ogni felicità.

IL FINALE DOPO LA FINE

Non mi è mai piaciuta la fine di un libro, un film, una storia. Cioè, non ho mai creduto che dopo che ci siamo immersi in una vicenda umana, inventata o reale non importa, dopo che abbiamo patito con il protagonista, siamo cresciuti con lui, poi tutto finisce, le luci si spengono e a noi non rimane nulla.

Non è così. La verità è che dopo ogni fine c'è sempre un finale, la fine di una storia cambia la nostra vita, che lo vogliamo o no, e il finale lo scriviamo noi. "Fine" fa pensare a una conclusione senza sbocco. "Finale" fa pensare a una finalità, uno scopo, e siamo noi che dobbiamo trovarlo dopo la storia che abbiamo appreso.

Anche per Tomà è stato così.

Ma anche per voi che leggete sarà così.

Non so se Tomà sogni ancora di avere paura della pioggia, di non riuscire a essere felice bagnandosi sotto l'acqua. O almeno, non me l'ha più detto. Ma non mi stupirei se non lo sognasse più. Le cose, dopo la fine della scuola, sono andate bene, e ha passato un'estate fantastica.

Il giorno della recita, Alex lo aveva preso in disparte e gli aveva dato un biglietto dove aveva scritto:

Tomà, sei stato il mio migliore amico dalla materna fino alla terza, e anche se negli ultimi due anni non ci siamo parlati molto, tu sarai sempre il mio migliore amico.

Alex

P.S.: E spero che anche io per te sarò il migliore amico.

Al ritorno dalle vacanze Alex lo ha invitato nella tenuta in campagna dei suoi nonni, e quando è tornato, a luglio la mamma di Elena mi aveva chiesto il permesso per portarlo una settimana al mare con loro, perché c'era un maneggio vicino la loro villetta ed Elena voleva farglielo provare a tutti i costi.

Due mesi di vacanza. Mai successo nella sua vita.

Io ho abbandonato il mio lavoro da netturbina. Mi sono laureata, ho vinto un concorso comunale e adesso lavoro nella biblioteca rionale vicino casa. In fondo i libri, le storie, sono sempre stati la mia passione.

E poi è successo quello che non avrei mai potuto nemmeno sognare, perché a volte la vita sa scrivere copioni superiori a ogni fantasia. Serena mi aveva incoraggiata a scrivere le mie storie, e mi ha presentato la mamma di un'altra quinta che fa l'editor di libri per ragazzi per un grosso editore che mi ha suggerito di trovare una storia dentro cui inserire le mie storie.

La storia l'avevo sotto gli occhi, quella di mio figlio. Ed è diventata il libro che avete letto.

Adesso è passato del tempo. So che presto finiranno gli abbracci gentili, l'obbedienza fiduciosa, il bisogno di sicurezza che si manifestano con la dolcezza verso la mamma. Presto arriveranno gli anni delle contestazioni, dei rinfacciamenti, delle polemiche che servono ai figli per staccarsi dalla dipendenza dei genitori e capire chi sono.

Ma ogni madre conserva il ricordo degli anni della dolcezza come il tesoro più prezioso. Sono gli anni della prima trasformazione, da quando arrivano a scuola con la paura di imparare e cambiare e vorrebbero che il tempo si fermasse all'epoca dei giochi, a quando ne escono orgogliosi per ciò che hanno fatto, e, anche se le medie li spaventano, sanno che non possono fermare il cambiamento e sotto sotto non vedono l'ora di scoprire chi possono diventare.

Anche per Tomà è stato così, e per lui la dolcezza e la gentilezza sono stati gli ingredienti più importanti della trasformazione. E probabilmente non li perderà mai.

E se di questi anni e di quello che lui è stato devo conservare un ricordo, su tutti il più bello, quello che mi commuoverà sempre, è stato quando mi ha detto che per lui sono il papà migliore del mondo. Per-

ché lì c'è tutto il meglio di ciò che potevo dargli, quando un genitore deve fare per due, e tutto il bello di ciò che lui ha capito.

A proposito, ho cercato notizie aggiornate del signor Yu Xukang e di suo figlio Xiao. Ero curiosa di sapere com'era andata a finire al bambino, ma non sono riuscita a trovare nulla sul web. Non mi stupisco più di tanto, anche perché queste storie di sacrifici e abnegazione con cui ci opponiamo ai destini svantaggiati dei nostri amati, durano lo spazio di una notizia, la notizia esotica della figlia che si porta il padre in bici per 1200 kilometri, o del padre che fa 30 kilometri al giorno con il figlio paraplegico in una cesta di vimini sulla schiena.

E anche se capiamo che non sono notizie ma vite fatte di migliaia di giorni così, alla fine dimentichiamo, perché così è la vita. E come ha capito anche Tomà, il racconto delle vite degli altri, anche le persone più care, è fatto più di cose che non sappiamo che di cose che sappiamo.

Il resto, il senso che noi vogliamo dargli, lo immaginiamo come una favola... e lo raccontiamo agli altri.

INDICE